ITALIAN POETRY

AN ANTHOLOGY

TRANSLATIONS BY ARTURO VIVANTE:

Leone Vivante, *Essays on Art and Ontology*, Salt Lake City, University of Utah Press, 1980.
Giacomo Leopardi, Poems, Wellfleet, Delphinium Press, 1988.

BOOKS BY ARTURO VIVANTE:

Poesie (poems), Venice, Ferrari, 1951.
A Goodly Babe (a novel), Boston, Little, Brown, and Company, 1966.
The French Girls of Killini (short stories), Boston, Little, Brown, and Company, 1967.
Doctor Giovanni (a novel), Boston, Little, Brown, and Company, 1969.
English Stories (short stories), Ann Arbor, Street Fiction Press, 1975.
Run to the Waterfall (short stories), New York, Scribner, 1979.
Writing Fiction (essays), Boston, The Writer, 1980.
The Tales of Arturo Vivante (short stories), Riverdale-on-Hudson, The Sheep Meadow Press, 1990.

ITALIAN POETRY
AN ANTHOLOGY

From the Beginnings to the Present

Selected and Translated by
ARTURO VIVANTE

With the Italian Text

DELPHINIUM PRESS

The translator wishes to thank especially Nancy Bradish Vivante for her constant help with the translations, and Paolo Vivante for reading the manuscript and for his valuable suggestions.

ACKNOWLEDGMENTS:

We wish to thank Arnoldo Mondadori, Editore, for permission to reprint the following poems: "La capra," "Terza fuga," "Il borgo" by Umberto Saba; "Ricordo d'Affrica," "Dannazione," "Soldati" by Giuseppe Ungaretti; "Riviere," "Spesso il male di vivere ho incontrato" by Eugenio Montale; "Ed è subito sera," "Ora che sale il giorno," "Impercettibile il tempo" by Salvatore Quasimodo.

We also wish to thank Aldo Garzanti, Editore, for permission to reprint Giovanna Bemporad's poems: "Veramente io dovrò dunque morire," "A una rosa," "Madrigale"; Newton & Compton, Editori, for permission to reprint Guido Gozzano's poem "Alle soglie" and Vanni Scheiwiller for permission to reprint Camillo Sbarbaro's poem "Padre,..." and Lucio Piccolo's poems "Scirocco" and "Il raggio verde."

Library of Congress Cataloging in Publication data.
ISBN 0-9620305-1-1

Delphinium Press
320 Main Street, P.O. Box 3005
Wellfleet, Massachusetts 02667
508-349-6619

Printed in the United States of America.

To Nancy

CONTENTS

CONTENTS

Poems

SAN FRANCESCO

c. 1182-1226 (n. e m. ad Assisi)

Laudes Creaturarum

Altissimo onnipotente bon signore,
  Tue son le laude la gloria e l'onore et onne benedictione.
A te solo altissimo se confanno,
Et nullo homo ene digno te mentovare.

Laudato sii mio signore cum tucte le tue creature,
  Spetialmente messer lo frate sole,
  Lo quale jorna, et allumini per lui;
  Et ellu è bello e radiante cum grande splendore,
  De te altissimo porta significatione.

Laudato sii mio signore per sora luna e le stelle;
  In cielo l'hai formate clarite et pretiose e belle.

Laudato sii mio signore per frate vento
  E per aere et nubilo e sereno e onne tempo,
  Per le quali a le tue creature dai sustentamento.

Laudato sii mio signore per suor acqua,
  La quale è molto utile et humile et pretiosa e casta.

Laudato sii mio signore per frate foco,
  Per lo quale n'allumeni la nocte,
  Et ellu è bello et jucundo et robustoso e forte.

Laudato sii mio signore per sora nostra madre terra,
  La quale ne sustenta e governa,
  E produce diversi fructi con coloriti fiori et herba.

Laudato sii mio signore per quelli che perdonano per lo tuo amore,
  E sostengono infirmitate e tribulatione:
  Beati quelli che le sosterranno in pace,
  Che da te altissimo saranno incoronati.

Laudato sii mio signore per suora nostra morte corporale,
  Dalla quale nullo homo vivente può scampare:
  Guai a quelli che morranno in peccato mortale,
  Beati quelli che si troveranno ne le tue sanctissime voluntati,
  Ca la morte secunda nol farrà male.

Laudate e benedicite mio signore e ringratiate
  E servitelo con grande humilitate.

SAINT FRANCIS

c. 1182-1226 (b. and d. in Assisi)

Laudes Creaturarum

Most high omnipotent good Lord,
    Yours be the praise, the glory, the honor and every blessing.
    They are your due alone, most high,
    Nor is any man worthy to speak your name.

Be praised, my Lord, with all your creatures,
    Especially master brother sun,
    Who makes day, and through whom you illumine;
    And he is beautiful and radiant with great splendor,
    Of you, most high, he bears witness.

Be praised, my Lord, for sister moon and the stars;
    In the sky you made them clear, precious and lovely.

Be praised, my Lord, for brother wind,
    And for the air, both cloudy and clear, and any weather,
    Through which you give your creatures sustenance.

Be praised, my Lord, for sister water,
    Which is very useful, humble, precious and chaste.

Be praised, my Lord, for brother fire,
    Through which you light the night,
    And he is beautiful and joyous and robust and strong.

Be praised, my Lord, for our sister, mother earth,
    Who sustains us and nourishes us,
    And produces various fruit and colored flowers and herbs.

Be praised, my Lord, for those who forgive for your love,
    And bear infirmity and tribulation:
    Blessed they who will bear them in peace,
    For by you, most high, they will be crowned.

Be praised, my Lord, for our sister bodily death,
    From which no man living can escape:
    Woe to those who will die in mortal sin,
    Blessed those who will find themselves in your most holy will,
    For the second death will not harm them.

Praise and bless my Lord and thank him
    And serve him with great humility.

LA COMPIUTA DONZELLA

Sec. XIII (n. e m. a Firenze)

Sonetto I

A la stagion che il mondo foglia e fiora
  Accresce gioia a tutti i fini amanti,
  Vanno insieme a li giardini allora
  Che gli augelletti fanno dolci canti;
La franca gente tutta s'innamora,
  Ed in servir ciascun traggesi innanti,
  Ed ogni damigella in gioi' dimora,
  A me m'abbondan marrimenti e pianti.
Chè lo mio padre m'ha messa in errore,
  E tienemi sovente in forte doglia:
  Donar mi vuole, a mia forza, signore.
Ed io di ciò non ho disio nè voglia,
  E in gran tormento vivo a tutte l'ore:
  Però non mi rallegra fior nè foglia.

Sonetto II

Lasciar vorrìa lo mondo, e Dio servire,
  E dipartirmi d'ogni vanitate,
  Però che veggo crescere e salire
  Mattezza e villania e falsitate;
Ed ancor senno e cortesia morire,
  E lo fin pregio e tutta la bontate;
  Ond' io marito non vorrìa nè sire,
  Nè stare al mondo per mia volontate.
Membrandomi ch'ogn'uom di mal s'adorna,
  Di ciaschedun son forte disdegnosa,
  E verso Dio la mia persona torna.
Lo padre mio mi fa stare pensosa,
  Chè di servire a Cristo mi distorna:
  Non saccio a cui mi vol dar per isposa.

LA COMPIUTA DONZELLA (The Accomplished Damsel)
XIII Century (b. and d. in Florence)

Sonnet I

In the season when the world leafs and flowers
    Joy for all keen lovers increases,
    They go together to the gardens while
    The little birds sing their sweet songs;
All free people fall in love,
    And every man comes forth to serve,
    And every damsel lives in joy,
    To me bewilderments abound and tears.
For my father has put me in the wrong,
    And often keeps me in intense pain:
    He wants to force me to take a husband.
And of this I have no desire or wish,
    And at all hours in great torment I live:
    So that neither flower cheers me nor leaf.

Sonnet II

I would like to leave the world, and to serve God,
    And from every vanity depart,
    Since madness, villainy and falseness
    I see growing and rising;
And also wisdom and courtesy dying out,
    And fine esteem and all goodness;
    So that I wish for no husband or lord,
    Nor to remain in the world by my own will.
Remembering that every man with evil decks himself,
    I am very disdainful of each one,
    And my person turns toward God.
My father keeps me perplexed,
    For he hinders me from serving Christ:
    I know not to whom he wants to give me as bride.

GUIDO CAVALCANTI

c. 1255-1300 (n. e m. a Firenze)

Ballata I

Era in penser d'amor quand'i' trovai
  Due foresette nove;
  L'una cantava: E' piove
  Gioco d'amore in nui.

Era la vista lor tanto soave
  E tanto queta, cortese ed umile
  Ch'i' dissi lor: "Vo' portate la chiave
  Di ciascuna vertù alta e gentile.
  Deh, foresette, non mi aggiate a vile
  Per lo colpo, ch'io porto,
  Questo cor mi fu morto,
  Poi che 'n Tolosa fui."

Elle con gli occhi lor si volser tanto,
  Che vider come 'l cor era ferito
  E come un spiritel nato di pianto
  Era per mezzo de lo colpo uscito.
  Poi che mi vider così sbigottito,
  Disse l'una, che rise:
  "Guarda come conquise
  Forza d'Amor costui."

Molto cortesemente mi rispose
  Quella che di me prima aveva riso,
  Disse: "La donna che nel cor ti pose
  Con la forza d'Amor tutto 'l suo viso,
  Dentro per gli occhi ti mirò sì fiso
  Ch'Amor fece apparire.
  Se t'è grave 'l soffrire
  Raccomandati a lui."

L'altra pietosa, piena di mercede,
  Fatta di gioco, in figura d'Amore,
  Disse: "'l tuo colpo che nel cor si vede
  Fu tratto d'occhi di troppo valore,
  Chè dentro vi lasciaro uno splendore
  Ch'i' non posso mirare:
  Dimmi se ricordare
  Di quegli occhi ti pui."

GUIDO CAVALCANTI
c. 1255-1300 (b. and d. in Florence)

Ballata I

Love was in my thoughts when I met
   Two country girls;
   One sang: Playful love
   Rains on us.

Their look was so sweet
   And so serene, courteous and humble
   That I said to them: "You hold the key
   To every high and gentle virtue.
   Oh, girls, don't take me wrong
   For being so smitten,
   This heart has failed me
   Since I was in Toulouse."

They turned their eyes toward me so
   That they saw how my heart was wounded
   And how a little sprite born of weeping
   Had found its way out through the blow.
   Seeing me so dismayed,
   One laughed and said:
   "Look how the force of Love
   Has overcome him."

The one who had first laughed about me
   Very courteously replied
   And said: "The woman who set in your heart
   With the force of Love all of her face,
   Looked so straight into your eyes
   That she made Love appear.
   Plead with him
   If your pain is hard to bear."

The other, compassionate, merciful,
   Turned from a playful into a loving figure,
   Said: "The sudden blow that one sees in your heart
   Was dealt by eyes of too much worth,
   For they left inside a glow
   That I can't look at:
   Tell me if those eyes
   You can remember."

Alla dura questione e paurosa
  La qual mi fece questa foresetta
  I' dissi: "E' mi ricorda che 'n Tolosa
  Donna m'apparve accordellata istretta,
  La quale Amor chiamava la Mandetta:
  Giunse sì presta e forte
  Che 'n fin dentro a la morte
  Mi colpir gli occhi sui."
Vanne a Tolosa, ballatetta mia,
  Ed entra quetamente a la Dorata:
  Ed ivi chiama che per cortesia
  D'alcuna bella donna sia menata
  Dinanzi a quella, di cui t'ho pregata:
  E s'ella ti riceve,
  Dille con voce lieve:
  "Per merzè vegno a vui."

To the hard and awesome question
  This girl asked me
  I said: "I remember that in Toulouse
  A woman, in a tight-corded gown,
  Appeared to me, whom Love called Mandetta:
  So swift and strong she reached me
  That verily her eyes
  Struck me to death."
Go to Toulouse, my little ballad,
  And quietly enter La Dorata:
  And there ask as a favor
  That by a lovely lady you be led
  In front of the one I begged you about:
  And if she receives you,
  Tell her in a soft voice:
  "For mercy I come to you."

Ballata II

Perch'i' non spero di tornar giammai,
    Ballatetta, in Toscana,
    Va tu, leggera e piana,
    Dritt'a la donna mia,
    Che per sua cortesia
    Ti farà molto onore.

Tu porterai novelle di sospiri,
    Piene di doglia e di molta paura;
    Ma guarda che persona non ti miri
    Che sia nemica di gentil natura,
    Chè certo per la mia disavventura
    Tu saresti contesa,
    Tanto da lei ripresa,
    Che mi sarebbe angoscia,
    Dopo la morte poscia
    Pianto e novel dolore.

Tu senti, ballatetta, che la morte
    Mi stringe sì che vita m'abbandona,
    E senti come 'l cor si sbatte forte
    Per quel che ciascun spirito ragiona.
    Tanto è distrutta già la mia persona
    Ch'i' non posso soffrire:
    Se tu mi vuo' servire
    Mena l'anima teco,
    Molto di ciò ti preco,
    Quando uscirà del core.

Deh, ballatetta, a la tua amistate
    Quest'anima che trema raccomando:
    Menala teco nella sua pietate
    A quella bella donna a cui ti mando.
    Deh, ballatetta, dille sospirando
    Quando le se' presente:
    "Questa vostra servente
    Viene per star con vui,
    Partita da colui
    Che fu servo d'Amore."

Ballata II

Since, little ballad, I no more hope
    Ever to return to Tuscany,
    You, light and airy,
    Go straight to my lady,
    Who in her courtesy
    Will receive you with much honor.

You will bring tidings of sighs,
    Fraught with much pain and fear;
    But take care lest anyone
    Hostile to sweet nature see you,
    For surely to my misfortune
    You would be confronted
    And incur her rebuke,
    Which would bring anguish to me,
    And after death
    Weeping and new grief.

You feel, little ballad, that death
    Has on me such a hold that life abandons me,
    And you feel how hard my heart is beating,
    Responding to what each spirit speaks.
    My body is already so destroyed
    That I am beyond suffering:
    If you want to serve me,
    Lead my soul with you,
    Of this I much beseech you,
    When it will leave my heart.

Oh, little ballad, to your friendship
    This tremulous soul I recommend:
    Lead it with you for pity's sake
    To the beautiful lady to whom I send you.
    Oh, little ballad,
    When you'll be in her presence,
    Tell her between sighs:
    "This servant of yours
    Comes to stay with you,
    Departed from him
    Who was servant of Love."

Tu, voce sbigottita e deboletta,
Ch'esci piangente de lo cor dolente,
Coll'anima e con questa ballatetta
Va ragionando della strutta mente.
Voi troverete una donna piacente
Di sì dolce intelletto
Che vi sarà diletto
Davanti starle ognora.
Anima, e tu l'adora
Sempre nel su' valore.

You, weak and bewildered little voice,
    Who weeping issue from this aching heart,
    With the soul and this little ballad
    Go telling of my distraught mind.
    You will find a pleasing lady,
    Of an intelligence so sweet
    It will be a delight
    Ever to stay before her.
    Soul, you too adore her
    Always in her true worth.

CECCO ANGIOLIERI
c. 1260-1312 (n. a Siena)

Sonetto I

S'i' fossi foco, arderei 'l mondo;
    S'i' fossi vento, lo tempesterei;
    S'i' fossi acqua, i' l'annegherei;
    S'i' fossi Dio, 'l manderei in profondo.
S'i' fossi papa, allor sarei giocondo
    Che tutti i cristiani imbrigherei;
    S'i' fossi imperator, sai che farei?
    A tutti mozzerei lo capo a tondo.
S'i' fossi morte, anderei da mio padre;
    S'i' fossi vita, fuggirei da lui;
    Similemente faria da mia madre.
S'i' fossi Cecco, come io sono e fui,
    Torrei le donne giovani e leggiadre,
    E vecchie e laide lascerei altrui.

Sonetto II

La mia malinconia è tanta e tale,
    Ch'i' non discredo che, s'egli 'l sapesse
    Un, che mi fosse nemico mortale,
    Che di pietade non piangesse.
Quella per cui m'avvien, poco ne cale,
    Chè mi potrebbe sed'ella volesse,
    Guarir 'n punto di tutto il mio male,
    Sed ella pur: "Io t'odio," mi dicesse.
Ma questa è la risposta ch'ho da lei:
    Ched ella non mi vuol nè mal nè bene,
    E ched i' vada a far li fatti miei;
Ch'ella non cura s'i' ho gioia o pene,
    Men ch'una paglia, che le va tra i piei;
    Mal grado n'abbi Amor, ch'a lei mi diene!

CECCO ANGIOLIERI
c. 1260-1312 (b. in Siena)

Sonnet I

If I were fire, I would burn the world;
   If I were wind, I would rage against it;
   If I were water, I would drown it;
   If I were God, I would dash it to the depths.

If I were pope, then I would be merry
   For all the Christians I'd embroil;
   If I were emperor, do you know what I would do?
   I would chop off everybody's head.

If I were death, I would go to my father;
   If I were life, I would flee from him;
   The same I would do from my mother.

If I were Cecco, as I am and was,
   I would take the women young and pretty,
   The old and ugly I'd leave to someone else.

Sonnet II

So much and such melancholy is mine,
   That, if one who was my mortal enemy
   Knew it and wept with pity,
   I wouldn't disbelieve it.

The one who brings this on me little cares,
   For if she wanted to she could
   Cure me at once of all my woe,
   If even she would say, "I hate you."

But this is the answer I have from her:
   That she neither likes me nor dislikes me,
   And that I should just go mind my own business;

That she cares less if I rejoice or am in pain
   Than if a straw went under her feet;
   May this spite Love that gave me to her!

DANTE ALIGHIERI

1265-1321 (n. a Firenze, m. a Ravenna)

Sonetto I (*da* La Vita Nuova)

Negli occhi porta la mia donna Amore,
    Per che si fa gentil ciò ch'ella mira;
    Ov'ella passa ogn'uom ver lei si gira,
    E cui saluta fa tremar lo core,
Sicchè, bassando il viso, tutto smore,
    E d'ogni suo difetto allor sospira:
    Fugge dinanzi a lei superbia ed ira:
    Aiutatemi, donne, a farle onore.
Ogni dolcezza, ogni pensiero umìle
    Nasce nel core a chi parlar la sente;
    Ond'è beato chi prima la vide.
Quel ch'ella par quand'un poco sorride,
    Non si puo dicer, nè tenere a mente,
    Sì è novo miracolo e gentile.

Sonetto II (*da* La Vita Nuova)

Tanto gentile e tanto onesta pare
    La donna mia quand'ella altrui saluta,
    Ch'ogni lingua divien tremando muta,
    E gli occhi non l'ardiscon di guardare.
Ella si va, sentendosi laudare,
    Benignamente d'umiltà vestuta;
    E par che sia una cosa venuta
    Di cielo in terra a miracol mostrare.
Mostrasi sì piacente a chi la mira,
    Che dà per gli occhi una dolcezza al core,
    Che intender non la può chi non la prova.
E par che de la sua labbia si mova
    Un spirito soave e pien d'amore,
    Che va dicendo all'anima: "Sospira."

DANTE ALIGHIERI
1265-1321 (b. in Florence, d. in Ravenna)

Sonnet I *(from* La Vita Nuova*)*

My lady carries Love within her eyes,
 So what she beholds is gentle made;
 Every man turns toward her when she passes,
 And she quickens the heart of those she greets,

So that, bowing the head, everything pales,
 And then over each of one's defects one sighs:
 Before her pride and anger fly:
 Help me, women, to do her honor.

Every sweetness, every humble thought
 Spring in the hearts of those who hear her speak;
 So that blessed is he who has just seen her.

The way she looks when a little she smiles,
 You cannot keep in mind or say,
 Such a new and gentle miracle it is.

Sonnet II *(from* La Vita Nuova*)*

So gentle and so true appears
 My lady when others she greets,
 That words fail on the tongue of those she meets,
 And no one dares look her in the eyes.

Hearing herself praised, she goes along,
 Graciously with humility arrayed;
 And she seems a thing come
 From heaven to earth to show a miracle.

She shows herself so pleasing to those who see her
 That she gives through the eyes a sweetness to the heart,
 Which to be understood needs to be experienced.

And from her lips a tender spirit
 Full of love appears to move,
 Ever saying to the soul: "Sigh."

Sonetto III (*da* Il Canzoniere)

Guido, vorrei che tu e Lapo ed io
    Fossimo presi per incantamento,
    E messi ad un vascel, ch'ad ogni vento
    Per mare andasse a voler vostro e mio.

Sicchè fortuna, od altro tempo rio,
    Non ci potesse dare impedimento,
    Anzi, vivendo sempre in un talento,
    Di stare insieme crescesse il disio.

E monna Vanna e monna Lagia poi,
    Con quella ch'è sul numero del trenta,
    Con noi ponesse il buon incantatore:

E quivi ragionar sempre d'amore:
    E ciascuna di lor fosse contenta,
    Siccome io credo che sariamo noi.

Sonnet III (*from* Il Canzoniere)

Guido, I wish that you and Lapo and I
  Were taken by enchantment,
  And put on a boat, that with each wind
  Would sail the sea at your will and mine.

So that no storm, or other adverse weather,
  Could impede us,
  But rather, living ever in harmony,
  Our desire to stay together would grow.

And monna Vanna and monna Lagia too,
  And she who is at number thirty,
  The good enchanter would place with us:

And that there we would talk always of love:
  And that each one of them were as happy,
  Even as I think that we would be.

La Divina Commedia

Inferno, Canto V, 73-142 (Francesca da Rimini)

Io cominciai: "Poeta, volentieri
    Parlerei a que' due che insieme vanno,
    E paion sì al vento esser leggieri."
Ed egli a me: "Vedrai quando saranno
    Più presso a noi; e tu allor li prega
    Per quell'amor che 'i mena; e quei verranno."
Sì tosto come il vento a noi li piega,
    Mossi la voce: "O anime affannate,
    Venite a noi parlar, s'altri nol niega."
Quali colombe dal disio chiamate,
    Con l'ali alzate e ferme al dolce nido
    Vegnon per l'aer dal voler portate:
Cotali uscir de la schiera ov'è Dido,
    A noi venendo per l'aer maligno,
    Sì forte fu l'affettuoso grido.
"O animal grazioso e benigno,
    Che visitando vai per l'aer perso
    Noi che tignemmo il mondo di sanguigno:
Se fosse amico il re dell'universo,
    Noi pregheremmo lui della tua pace,
    Poi c' hai pietà del nostro mal perverso.
Di quel che udire e che parlar ti piace
    Noi udiremo e parleremo a vui,
    Mentre che il vento, come fa, si tace.
Siede la terra dove nata fui,
    Sulla marina dove il Po discende
    Per aver pace co' seguaci sui.
Amor, che al cor gentil ratto s'apprende,
    Prese costui della bella persona
    Che mi fu tolta, e il modo ancor m'offende.
Amor, che a nullo amato amar perdona,
    Mi prese del costui piacer sì forte,
    Che, come vedi, ancor non mi abbandona.
Amor condusse noi ad una morte:
    Caina attende chi vita ci spense."
    Queste parole da lor ci fur porte.

The Divine Comedy

Inferno, Canto V, 73-142 (Francesca da Rimini)

I began: "Poet, willingly
  Would I speak to those two who go together,
  And seem to be so light upon the wind."

And he to me: "You will see when they will be
  Closer to us; and then you entreat them
  By that love which leads them, and they'll come."

As soon as the wind bent them to us,
  I called out: "O troubled souls,
  Come speak to us, if no one forbids it."

As doves called by desire,
  With raised and steady wings, to the sweet nest
  Come through the air, borne by their will:

So they left the throng where Dido is,
  Coming to us through the malignant air,
  So strong with affection was my cry.

"O gracious and kind creature,
  Who go through the dun air visiting
  Us who tinged the world blood-red:

If the king of the universe were our friend,
  We would pray him for your peace,
  Since you have pity on our perverse ill.

Of what you would like to hear and speak about,
  We will hear and speak to you,
  While the wind pauses, as it does.

The land where I was born is set
  On the shore where the Po descends
  To have peace with its tributary streams.

Love, that quickly takes to a gentle heart,
  Took him for the fair body
  That was taken from me, and the way still offends me.

Love, that no one who is loved from loving spares,
  Took me with such a strong delight in him,
  That, as you see, it still does not leave me.

Love led us to one death:
  Caina awaits him who quenched our life."
  These words were from them to us conveyed.

21

Da che io intesi quelle anime offense,
  Chinai 'l viso, e tanto il tenni basso,
  Finchè il poeta mi disse: "Che pense?"

Quando risposi, cominciai: "O lasso,
  Quanti dolci pensier, quanto disio
  Menò costoro al doloroso passo!"

Poi mi rivolsi a loro, e parla' io,
  E cominciai: "Francesca, i tuoi martiri
  Al lagrimar mi fanno tristo e pio,

Ma dimmi, al tempo de' dolci sospiri,
  A che e come concedette amore,
  Che conosceste i dubbiosi desiri?"

Ed ella a me: "Nessun maggior dolore,
  Che ricordarsi del tempo felice
  Nella miseria; e ciò sa il tuo dottore.

Ma se a conoscer la prima radice
  Del nostro amor tu hai cotanto affetto,
  Farò come colui che piange e dice.

Noi leggevamo un giorno per diletto
  Di Lancelotto, come amor lo strinse:
  Soli eravamo e senza alcun sospetto.

Per più fiate gli occhi ci sospinse
  Quella lettura, e scolorocci il viso:
  Ma solo un punto fu quel che ci vinse.

Quando leggemmo il disiato riso
  Esser baciato da cotanto amante,
  Questi, che mai da me non fia diviso,

La bocca mi baciò tutto tremante:
  Galeotto fu il libro e chi lo scrisse:
  Quel giorno più non vi leggemmo avante."

Mentre che l'uno spirto questo disse,
  L'altro piangeva sì, che di pietade
  Io venni meno sì com'io morisse;

E caddi come corpo morto cade.

After I heard those offended souls,
    I bowed my face, and kept it low so long,
    That the poet said to me: "What are you thinking of?"

When I answered, I began: "Alas,
    How many sweet thoughts, how much desire
    Led them to this dolorous pass!"

Then I turned to them and spoke,
    And I began: "Francesca, your afflictions
    Bring me to tears with sadness and with pity,

But tell me: at the time of the sweet sighs,
    Why and how did love allow you
    To know the perilous desires?"

And she to me: "There is no greater sorrow
    Than to remember a happy time
    In misery; and this your teacher knows.

But if the first root of our love
    You are so keen to know,
    I will do like one who weeps and tells.

We were one day reading for pastime
    Of Lancelot, how he was struck by love:
    Alone we were, and without any suspicion.

Many a time that reading drove us
    To look at each other, and it blanched our faces;
    But only one point it was that overcame us.

When we read of the yearned-for smile
    Being kissed by such a lover,
    This one, who will never be divided from me,

All atremble kissed my mouth.
    A Gallehault was the book and he who wrote it:
    That day we read in it no farther."

While one spirit was saying this,
    The other wept so that with pity
    I fainted, as if dying;

And I fell as a dead body falls.

Inferno, Canto XXVI, 79-142 (Ulisse)

"O voi che siete due dentro ad un foco,
  S'io meritai di voi mentre ch'io vissi,
  S'io meritai di voi assai o poco,

Quando nel mondo gli alti versi scrissi,
  Non vi movete; ma l'un di voi dica
  Dove per lui perduto a morir gissi."

Lo maggior corno della fiamma antica
  Cominciò a crollarsi, mormorando,
  Pur come quella cui vento affatica;

Indi la cima qua e là menando,
  Come fosse la lingua che parlasse,
  Gittò voce di fuori, e disse: "Quando

Mi diparti' da Circe, che sottrasse
  Me più d'un anno là presso a Gaeta,
  Prima che sì Enea la nominasse;

Nè dolcezza di figlio, nè la pieta
  Del vecchio padre, nè 'l debito amore
  Lo qual dovea Penelope far lieta,

Vincer potero dentro me l'ardore
  Ch'i' ebbi a divenir del mondo esperto,
  E de li vizi umani e del valore;

Ma misi me per l'alto mare aperto
  Sol con un legno, e con quella compagna
  Picciola da la qual non fui diserto.

L'un lito e l'altro vidi infin la Spagna,
  Fin nel Morocco, e l'isola de' Sardi,
  E l'altre che quel mare intorno bagna.

Io e' compagni eravam vecchi e tardi,
  Quando venimmo a quella foce stretta
  Dov'Ercole segnò li suoi riguardi

Acciò che l'uom più oltre non si metta:
  Da la man destra mi lasciai Sibilia,
  Da l'altra già m'avea lasciata Setta.

'O frati,' dissi, 'che per cento milia
  Perigli siete giunti all'occidente,
  A questa tanto picciola vigilia

De' nostri sensi ch'è del rimanente,
  Non vogliate negar l'esperienza,
  Diretro al sol del mondo senza gente.

Inferno, Canto XXVI, 79-142 (Ulysses)

"O you who are two within one fire,
If I deserved of you while I lived,
If I deserved of you much or little,

When on earth the high verses I wrote,
Move not, but one of you tell
Where, losing himself, he went to die."

The greater horn of the ancient flame,
Murmuring, began to quake,
Even as one belabored by the wind;

Then, its peak waving here and there,
As if the tongue were speaking,
It cast out a voice and said: "When

I departed from Circe, who kept me
More than a year there near Gaeta,
Before Aeneas so named it;

Neither fondness for my son, nor pity
For my old father, nor the due love
That should have made Penelope glad,

Could overcome within me the ardor
I had to be experienced of the world,
And of human vices and of valor;

But I put out to the deep open sea
With one sole bark, and that small
Crew by which I was not deserted.

The one shore and the other I saw as far as Spain,
As far as Morocco and the island of the Sardinians,
And the other isles bathed by that sea.

My companions and I were old and weary,
When we came to that narrow strait
Where Hercules posted his warnings

Lest man venture any farther:
On my right hand I left Seville,
On the other I had already passed by Ceuta.

'O brothers,' I said, 'who through a hundred thousand
Perils have reached the west,
To this small vigil

Of our senses that remains,
Don't choose to deny the experience
Of the peopleless world behind the sun.

Considerate la vostra semenza:
  Fatti non foste a viver come bruti,
  Ma per seguir virtute e conoscenza.'

Li miei compagni fec'io sì acuti,
  Con questa orazion picciola al cammino,
  Che appena poscia li avrei ritenuti.

E volta nostra poppa nel mattino,
  Dei remi facemmo ali al folle volo,
  Sempre acquistando dal lato mancino.

Tutte le stelle già dell'altro polo
  Vedea la notte, e 'l nostro tanto basso,
  Che non surgea fuor del marin suolo.

Cinque volte racceso e tante casso
  Lo lume era di sotto de la luna,
  Poi ch'entrati eravam ne l'alto passo,

Quando n'apparve una montagna,
  Bruna per la distanza, e parvemi alta tanto
  Quanto veduta non avea alcuna.

Noi ci allegrammo, e tosto tornò in pianto:
  Chè de la nova terra un turbo nacque
  E percosse del legno il primo canto;

Tre volte il fe' girar con tutte l'acque,
  A la quarta levar la poppa in suso
  E la prora ire in giù com'altrui piacque,

Infin che 'l mar fu sopra noi richiuso."

26

Consider your provenance:
    You were not made to live as brutes,
    But to follow virtue and knowledge.'
With this brief speech I made my companions
    So keen to keep on going,
    That afterward I could have scarcely held them back.
And turning our stern toward the morning,
    We made wings of the oars for our mad flight,
    Ever gaining on the larboard side.
All the stars of the other pole
    Night saw, and ours so low
    It didn't rise above the ocean floor.
Five times lit and as many quenched
    Was the light under the moon,
    Since we had entered the deep pass,
When a mountain appeared,
    Dim for the distance, and it seemed higher
    Than any I had ever seen.
We rejoiced, and soon it turned to crying;
    For from the new land a whirlwind rose
    And it struck the forepart of our bark;
Three times it made her turn with all the waters,
    At the fourth it made the stern lift up
    And the prow go down, as it pleased Another,
Until the sea over us closed."

Purgatorio, Canto I, 67-75 (Virgilio presenta Dante a Catone)

Com'io l'ho tratto saria lungo a dirti;
    De l'alto scende virtù che m'aiuta
    Conducerlo a vederti e a udirti.

Or ti piaccia gradir la sua venuta:
    Libertà va cercando, ch'è sì cara,
    Come sa chi per lei vita rifiuta.

Tu 'l sai, che non ti fu per lei amara
    In Utica la morte, ove lasciasti
    La vesta ch'al gran dì sarà sì chiara.

Purgatorio, Canto XI, 94-102 (La fama)

Credette Cimabue nella pittura
    Tener lo campo, ed ora ha Giotto il grido,
    Sì che la fama di colui è oscura.

Così ha tolto l'uno a l'altro Guido
    La gloria della lingua; e forse è nato
    Chi l'uno e l'altro caccerà di nido.

Non è il mondan romore altro che fiato
    Di vento, che or vien quinci ed or vien quindi,
    E muta nome perchè muta lato.

Purgatorio, Canto XXIV, 49-63 (Il dolce stil nuovo)

Ma dì s'io veggio qui colui che fuore
    Trasse le nuove rime, cominciando:
    'Donne ch'avete intelletto d'Amore.'"

Ed io a lui: "Io mi son un che quando
    Amor mi spira, noto, ed a quel modo
    Che ditta dentro vo significando."

"O frate, issa veggio," disse, "il nodo
    Che il Notaro, e Guittone, e me ritenne
    Di qua del dolce stil novo ch'i' odo.

Io veggio ben come le vostre penne
    Diretro al dittator sen vanno strette,
    Che delle nostre certo non avvenne.

E qual più a guardar oltre si mette,
    Non vede più dall'uno all'altro stilo;"
    E quasi contentato si tacette.

Purgatorio, Canto I, 67-75 (Virgil Introduces Dante to Cato)

How I brought him, would take long to tell you;
  From on high descends the virtue which helps me
  Lead him to see you and to hear you.

Now may it please you to welcome his arrival:
  Freedom he goes seeking, which is so dear,
  As he knows who life for her renounces.

And you know it, since dying for her was not bitter
  To you in Utica, where you left
  The vestment that on the great day will be so bright.

Purgatorio, Canto XI, 94-102 (Fame)

In painting Cimabue thought
  He held the field, and now Giotto has the cry,
  So that the fame of the other is obscure.

Even so has one Guido taken the glory of the language
  From the other; and perhaps he is born
  Who will chase both from the nest.

Earthly fame is no more than a breath
  Of wind, that comes now from here and now from there,
  And changes name because it changes side.

Purgatorio, Canto XXIV, 49-63 (The Sweet New Style)

But say if I see him here who
  Brought forth the new rhymes, beginning:
  'Ladies, that have understanding of Love.'"

And I to him: "I am one who, when
  Love inspires me, note, and to the measure
  He dictates within me I give voice."

"O brother, now I see," he said, "the knot
  That kept the Notary, and Guittone, and me
  From attaining the sweet new style I hear.

I see clearly how your pens
  Follow closely after Love as it dictates,
  Which surely didn't happen with our own.

And he who sets himself to look beyond,
  Cannot tell one style from the other;"
  And, as if satisfied, he was silent.

Purgatorio, Canto XXVIII, 1-42 (Il paradiso terrestre)

Vago già di cercar dentro e dintorno
  La divina foresta spessa e viva,
  Ch'a li occhi temperava il novo giorno,

Senza più aspettar lasciai la riva,
  Prendendo la campagna lento lento
  Su per lo suol che d'ogni parte auliva.

Un'aura dolce, senza mutamento
  Avere in sè, mi feria per la fronte
  Non di più colpo che soave vento,

Per cui le fronde, tremolando pronte,
  Tutte quante piegavano alla parte
  U' la prim'ombra gitta il santo monte;

Non però dal loro esser dritto sparte
  Tanto, che li augelletti per le cime
  Lasciasser d'operare ogni lor arte;

Ma con piena letizia l'ore prime,
  Cantando ricevieno intra le foglie,
  Che tenevan bordone alle sue rime,

Tal qual di ramo in ramo si raccoglie
  Per la pineta in su 'l lito di Chiassi,
  Quand'Eolo Scirocco fuor discioglie.

Già m'avean trasportato i lenti passi
  Dentro a la selva antica tanto, ch'io
  Non potea rivedere ond'io mi 'ntrassi;

Ed ecco più andar mi tolse un rio,
  Che 'nver sinistra con sue picciole onde
  Piegava l'erba che 'n sua riva uscìo.

Tutte l'acque che son di qua più monde,
  Parrieno aver in sè mistura alcuna
  Verso di quella che nulla nasconde,

Avvegna che si mova bruna bruna
  Sotto l'ombra perpetua, che mai
  Raggiar non lascia sole ivi nè luna.

Coi piè ristetti e con gli occhi passai
  Di là del fiumicello, per mirare
  La gran variazion di freschi mai;

Purgatorio, Canto XXVIII, 1-42 (Earthly Paradise)

Desirous now to delve in and around
   The divine forest, lush and live,
   That tempered to the eyes the new day,

Without further delay I left the bank,
   Taking the land at a slow pace
   Over the soil that was fragrant everywhere.

A breath of air, sweet and unvaried,
   Swept my brow, with no more force
   Than that of gentle wind,

To which the boughs, trembling,
   All readily swayed toward the side
   Where the holy mountain casts its early shadow;

Yet they were not so parted from their upright state
   That the little birds on their tops
   Should leave performing every art of theirs;

But singing with full-throated joy,
   They welcomed the first hours of morning,
   Amid the leaves that kept burden to their rhymes,

A burden such as gathers on from branch to branch
   In the pine forest on the shore of Chiassi,
   When Eolus unleashes the Sirocco.

My slow steps had already carried me
   Into the ancient wood so far, that I
   Couldn't see where I had entered;

And here I was kept from going on by a stream,
   Whose wavelets bent leftward
   The grass that sprouted on its bank.

All the waters that on earth are clearest,
   Would seem to have some mixture in them
   Beside that one which nothing conceals,

Though it flows darkling,
   In perpetual shade, that never
   Lets in rays of sun or moon.

With feet I stayed, but with my eyes
   I passed beyond the stream, to gaze
   At the great variety of the fresh may;

E là m'apparve, sì com'elli appare
    Subitamente cosa che disvia
    Per maraviglia tutto altro pensare,
Una donna soletta che si gìa
    Cantando ed iscegliendo fior da fiore
    Ond'era pinta tutta la sua via.

And there appeared to me, as when
    Suddenly something so marvelous appears
    That all other thinking is waylaid,
A solitary lady going along,
    Singing and choosing flowers among the flowers
    With which was painted all her way.

Paradiso, Canto I, 1-18 (Invocazione)

La gloria di colui che tutto move
    Per l'universo penetra e risplende
    In una parte più, e meno altrove.

Nel ciel che più della sua luce prende
    Fu' io, e vidi cose che ridire
    Nè sa, nè può chi di lassù discende;

Perchè, appressando sè al suo disire,
    Nostro intelletto si profonda tanto,
    Che retro la memoria non può ire.

Veracemente quant'io del regno santo
    Nella mia mente potei far tesoro,
    Sarà ora matera del mio canto.

O buono Apollo, all'ultimo lavoro
    Fammi del tuo valor sì fatto vaso,
    Come dimandi a dar l'amato alloro.

Infino a qui l'un giogo di Parnaso
    Assai mi fu, ma or con ambedue
    M'è uopo entrar ne l'aringo rimaso.

Paradiso, Canto I, 1-18 (Invocation)

The glory of him who moves all things
    Penetrates the universe, and shines
    In one part more, and less elsewhere.

In the heaven that most receives his light
    Was I, and saw things that no one
    Who descends from there knows or can tell,

Because, approaching its desire,
    Our intellect is so deeply immersed
    That memory can't follow.

Truly whatever of the holy realm
    I could treasure in my mind,
    Will now be the matter of my song.

O good Apollo, for this last work of mine
    Make me such a vessel of your worth
    As in giving the beloved laurel you demand.

Until now one peak of Parnassus
    For me was enough, but now with both
    I need to enter the arena that remains.

PARADISO CANTO XI, 43-117 (San Francesco)

Intra Tupino e l'acqua che discende
   Del colle eletto dal beato Ubaldo,
   Fertile costa d'alto monte pende,

Onde Perugia sente freddo e caldo
   Da Porta Sole; e di retro le piange
   Per grave giogo Nocera con Gualdo.

Di questa costa, là dov'ella frange
   Più sua rattezza, nacque al mondo un sole,
   Come fa questo tal volta di Gange.

Però chi d'esso loco fa parole,
   Non dica Ascesi, chè direbbe corto,
   Ma Oriente, se proprio dir vole.

Non era ancor molto lontan dall'orto,
   Ch'el cominciò a far sentir la terra
   De la sua gran virtute alcun conforto;

Chè per tal donna, giovinetto, in guerra
   Del padre corse, a cui, come a la morte,
   La porta del piacer nessun disserra;

E dinanzi alla sua spiral corte
   Et coram patre le si fece unito;
   Poscia di dì in dì l'amò più forte.

Questa, privata del primo marito,
   Millecent'anni e più dispetta e scura
   Fino a costui si stette senza invito;

Nè valse udir che la trovò sicura
   Con Amiclate, al suon de la sua voce,
   Colui ch'a tutto 'l mondo fe' paura;

Nè valse esser costante nè feroce,
   Sì che, dove Maria rimase giuso,
   Ella con Cristo pianse in su la croce.

Ma perch'io non proceda troppo chiuso,
   Francesco e povertà per questi amanti
   Prendi oramai nel mio parlar diffuso.

La lor concordia e' lor lieti sembianti,
   Amore e maraviglia e dolce sguardo
   Facieno esser cagion di pensier santi;

PARADISO, CANTO XI, 43-117 (Saint Francis)

Between Tupino and the stream descending
    From the hill chosen by blessed Ubaldo,
    A fertile slope of a high mountain hangs,

From which Perugia feels the cold and warmth
    Through Porta Sole; and behind it
    Gualdo and Nocera deplore the heavy yoke.

From this slope, where it breaks
    Its steepness most, to the world was born a sun,
    As this one does at times from Ganges.

So whoever speaks of that place, let him
    Not say Ascesi, for he would fall short,
    But Orient, if he wants to say it right.

He was not yet very distant from his rising,
    When he began to make the earth feel
    From his great virtue a certain comfort;

For in his youth he ran into conflict
    With his father over such a lady to whom,
    As to death, pleasure's door no one unlocks;

And before his spiritual court
    And in his father's presence he was to her united;
    Then he loved her more strongly with each day.

She, deprived of her first husband,
    For eleven hundred years and more spurned and obscure
    Stayed without invitations until him;

Nor did it help to hear that he
    Who struck fear in the whole world found her
    Unperturbed with Amyclas, at the sound of his voice;

Nor did it help being constant and dauntless,
    So that, while Mary remained below,
    She wept with Christ upon the cross.

But so that I may not proceed too obliquely,
    Take now Francis and Poverty
    As the two lovers of my diffuse discourse.

Their harmony and their cheerful aspect,
    Love, wonder and sweet look
    They made to be the cause of holy thoughts;

Tanto che 'l venerabile Bernardo
    Si scalzò prima, e dietro a tanta pace
    Corse e, correndo, li parve esser tardo.

Oh ignota ricchezza, oh ben ferace!
    Scalzasi Egidio, scalzasi Silvestro,
    Dietro a lo sposo, sì la sposa piace.

Indi sen van quel padre e quel maestro
    Con la sua donna e con quella famiglia
    Che già legava l'umile capestro.

Nè li gravò viltà di cor le ciglia
    Per esser fi' di Pietro Bernardone,
    Nè per parer dispetto a maraviglia;

Ma regalmente sua dura intenzione
    Ad Innocenzio aperse, e da lui ebbe
    Primo sigillo a sua religione.

Poi che la gente poverella crebbe
    Dietro a costui, la cui mirabil vita
    Meglio in gloria del ciel si canterebbe,

Di seconda corona redimita
    Fu per Onorio da l'eterno Spiro
    La santa voglia d'esto archimandrita.

E poi che, per la sete del martiro,
    Ne la presenza del Soldan superba
    Predicò Cristo e l'altri che 'l seguiro,

E per trovare a conversione acerba
    Troppo la gente, per non stare indarno,
    Reddissi al frutto de l'italica erba,

Nel crudo sasso intra Tevere e Arno
    Da Cristo prese l'ultimo sigillo,
    Che le sue membra due anni portarno.

Quando a colui ch'a tanto ben sortillo
    Piacque di trarlo suso a la mercede,
    Ch'el meritò nel suo farsi pusillo,

A' frati suoi, sì come a giuste rede,
    Raccomandò la donna sua più cara,
    E comandò che l'amassero a fede;

E del suo grembo l'anima preclara
    Mover si volse, tornando al suo regno,
    E al suo corpo non volle altra bara.

So much so that the venerable Bernard
    First bared his feet, and ran after such peace
    And, running, it seemed to him that he was slow.

Oh wealth unknown! oh fruitful good!
    Egidius bares his feet, Sylvester bares them,
    After the spouse, so pleasing is the bride.

Then goes on his way that father and that master
    With his lady and that family
    Already girded with the humble cord.

Nor did baseness of heart weigh down his brow
    At being the son of Pietro Bernardone,
    Nor for appearing marvellously scorned;

But regally his firm resolve
    To Innocent he opened, and from him had
    The primal seal upon his Order.

After the poor folk increased
    Behind him, whose admirable life
    Were better sung in heaven's glory,

The holy will of this archimandrite
    Was through Honorius by the Eternal Spirit
    Invested with a second crown.

And later, for thirst of martyrdom,
    In the proud presence of the Sultan
    He preached Christ and the others who followed him,

And finding the people too unripe
    For conversion, and not to stay in vain,
    He returned to the fruit of the Italic fields,

On the rough rock between Tiber and Arno
    From Christ he took the final seal,
    Which his limbs bore two years.

When it pleased him who had destined him
    To so much good to draw him up to the reward,
    That he had earned by making himself lowly,

To his friars, as to his rightful heirs,
    He recommended his dearest lady,
    And commanded them faithfully to love her;

And from her bosom the illustrious soul
    Wished to move forth, returning to its realm,
    And for his body he wished no other bier.

Paradiso, Canto XXIII, 1-15, 22-34 (Beatrice)

Come l'augello, intra l'amate fronde,
    Posato al nido de' suoi dolci nati
    La notte che le cose ci nasconde,

Che, per veder li effetti disiati
    E per trovar lo cibo onde li pasca,
    In che gravi labor li sono aggrati,

Previene il tempo in su aperta frasca,
    E con ardente affetto il sole aspetta,
    Fiso guardando pur che l'alba nasca;

Così la donna mia stava eretta
    E attenta, rivolta in ver la plaga
    Sotto la qual il sol mostra men fretta;

Sì che, veggendola io sospesa e vaga,
    Fecimi qual 'è quei che disiando
    Altro vorria, e sperando s'appaga. . . .

Pariemi che 'l suo viso ardesse tutto,
    E li occhi avea di letizia sì pieni,
    Che passar mi convien senza costrutto.

Quale ne' plenilunii sereni
    Trivia ride tra le ninfe eterne
    Che dipingono il ciel per tutti i seni,

Vid'io sopra migliaia di lucerne
    Un sol che tutte quante l'accendea,
    Come fa 'l nostro le viste superne;

E per la viva luce trasparea
    La lucente sostanza tanto chiara
    Nel viso mio, che non la sostenea.

Oh Beatrice, dolce guida e cara!

Paradiso, Canto XXIII, 1-15, 22-34 (Beatrice)

Like a bird, amid the beloved fronds,
    Brooding on the nest of her sweet chicks
    During the night that hides things from us,

Who, to see their yearned-for looks
    And to find the food to feed them with,
    In which grave labors are pleasing to her,

Anticipates the time upon an open branch,
    And with ardent affection awaits the sun,
    Fixedly watching for the birth of dawn;

So my lady stood erect
    And attentive, turned toward the region
    Under which the sun seems less in haste;

So that, seeing her in suspense and wistful,
    I became as he who, desiring,
    Wishes for more, and hoping is appeased . . . .

It seemed to me that her face was all aglow,
    And her eyes were so full of joy
    That I had best pass on without describing.

As in the serene full moons
    Trivia smiles among the eternal nymphs
    Who paint heaven through all its bays,

Above thousands of lamps I saw
    A sun that lit them all,
    As our own does the supernal sights;

And through the living light
    The lucent substance shone so bright
    Into my eyes that I could not endure it.

O Beatrice, sweet and dear guide!

Paradiso, Canto XXV, 1-9 (*La sua speranza*)

Se mai continga che il poema sacro,
    Al quale ha posto mano e cielo e terra,
    Sì che m'ha fatto per molt'anni macro,

Vinca la crudeltà che fuor mi serra
    Del bello ovile ov'io dormii agnello,
    Nimico a' lupi che li danno guerra;

Con altra voce omai, con altro vello
    Ritornerò poeta, ed in sul fonte
    Del mio baptesmo prenderò il cappello.

Paradiso, Canto XXXIII, 1-33 (*Preghiera alla Vergine*)

"Vergine madre, figlia del tuo figlio,
    Umile e alta più che creatura,
    Termine fisso d'eterno consiglio,

Tu se' colei che l'umana natura
    Nobilitasti sì che 'l suo fattore
    Non disdegnò di farsi sua fattura.

Nel ventre tuo si raccese l'amore,
    Per lo cui caldo ne l'eterna pace
    Così è germinato questo fiore.

Qui se' a noi meridiana face
    Di caritate, e giuso, intra i mortali,
    Se' di speranza fontana vivace.

Donna, se' tanto grande e tanto vali,
    Che qual vuol grazia, e a te non ricorre,
    Sua disianza vuol volar senz'ali.

La tua benignità non pur soccorre
    A chi domanda, ma molte fiate
    Liberamente al dimandar precorre.

In te misericordia, in te pietate,
    In te magnificenza, in te s'aduna
    Quantunque in creatura è di bontate.

Or questi, che da l'infima lacuna
    De l'universo in fin qui ha vedute
    Le vite spiritali ad una ad una,

Supplica a te, per grazia, di virtute
    Tanto che possa con li occhi levarsi
    Più alto verso l'ultima salute.

Paradiso, Canto XXV, 1-9 (His Hope)

If it ever were to happen that the sacred poem,
    To which both heaven and earth have set their hand,
    So that it has made me thin through many years,

Should overcome the cruelty that locks me out
    Of the beautiful fold, where lamb I slept,
    Foe to the wolves that war against it;

With other voice then, with other fleece
    A poet I will return, and at my baptismal
    Font I will take the laurel crown.

Paradiso, Canto XXXIII, 1-33 (Prayer to the Virgin Mary)

"Virgin mother, daughter of your son,
    Humble and high more than any one,
    Steadfast term of the eternal counsel,

You are she who ennobled
    Human nature so, that its Maker
    Didn't disdain to make himself its make.

In your womb rekindled was the love,
    Through whose warmth in the eternal peace
    This flower so germinated.

Here to us you are the meridian lamp
    Of charity; and below, among mortals,
    You are of hope the lively font.

Lady, you are so great and worthy,
    That whoever seeks grace without turning to you,
    Wants to fly his wishes without wings.

Your kindness not only succors
    Whoever asks for it, but many times
    It generously precedes the asking.

In you mercy, in you pity,
    In you magnificence, in you unites
    Whatever there is of goodness in a creature.

Now he, who from the universe's
    Lowest pit, the spiritual lives
    One by one has seen,

Beseeches you, through grace, for so much power
    As will enable him to raise his eyes
    Higher toward the ultimate salvation.

E io, che mai per mio veder non arsi
    Più ch'i' fo per lo suo, tutti i miei prieghi
    Ti porgo, e prego che non sieno scarsi,
Perchè tu ogni nube li disleghi
    Di sua mortalità co' prieghi tuoi,
    Sì che 'l sommo piacer li si dispieghi.

And I, who never burned for mine own self to see
    More than I do for him, offer all my prayers
    To you, and I pray they be not scant,
That you with your prayers
    Every cloud of his mortality dissolve,
    So that the supreme pleasure be to him disclosed.

FRANCESCO PETRARCA
1304-1374 (n. ad Arezzo, m. ad Arquà)

Sonetto I

Son animali al mondo di sì altera
    Vista che 'ncontr'al sol pur si difende;
    Altri, però che 'l gran lume gli offende,
    Non escon fuor se non verso la sera;

Ed altri, col desio folle che spera
    Gioir forse nel foco, perchè splende,
    Provan l'altra vertù, quella che 'ncende.
    Lasso, e 'l mio loco è 'n quest'ultima schiera.

Ch'i' non son forte ad aspettar la luce
    Di questa Donna, e non so fare schermi
    Di luoghi tenebrosi o d'ore tarde.

Però con gli occhi lagrimosi e 'nfermi
    Mio destino a vederla mi conduce:
    E so ben ch'i' vo dietro a quel che m'arde.

Sonetto II

Amor ed io, sì pien di meraviglia
    Come chi mai cosa incredibil vide,
    Miriam costei quand'ella parla o ride,
    Che sol sè stessa e null'altra simiglia.

Dal bel seren de le tranquille ciglia
    Sfavillan sì le mie due stelle fide,
    Ch'altro lume non è ch'infiammi e guide
    Chi d'amar altamente si consiglia.

Qual miracolo è quel, quando tra l'erba
    Quasi un fior siede! o ver quand'ella preme
    Col suo candido seno un verde cespo!

Qual dolcezza è ne la stagione acerba
    Vederla ir sola coi pensier suoi insieme,
    Tessendo un cerchio a l'oro terso e crespo!

46

FRANCESCO PETRARCH
1304-1374 (b. in Arezzo, d. in Arquà)

Sonnet I

There are animals in the world of so stalwart
   A sight it can stand even the sun;
   Others, because the great light hurts them,
   Come out only toward evening;

And others, with a mad desire that hopes
   Perhaps to rejoice in fire, because it shines,
   Experience the other power, the one that burns.
   Alas, and my place is in this last throng.

For I am not strong enough to look on the light
   Of this Lady, and I don't know how to make shields
   Of dark places or late hours.

So with tearful and weak eyes
   My fate leads me to see her:
   And I know well that I go after what burns me.

Sonnet II

Love and I, as full of wonder
   As whoever saw an incredible thing,
   Look at her who, when she speaks or laughs,
   Only herself resembles and no other.

From the serene beauty of her tranquil brow
   My two trusted stars shine so
   That there is no other light to kindle and to guide
   Whoever is intent on lofty love.

What a marvel it is, when on the grass
   Flower-like she sits, or yet when she presses
   A green tuft with her white breast!

How sweet it is to see her in the spring
   Walking alone together with her thoughts,
   Weaving a garland for her wavy gleaming gold!

Sonetto III

Lieti fiori e felici, e ben nate erbe,
    Che Madonna, pensando, premer sole;
    Piaggia ch'ascolti sue dolci parole
    E del bel piede alcun vestigio serbe;

Schietti arboscelli, e verdi frondi acerbe,
    Amorosette e pallide viole;
    Ombrose selve ove percote il sole
    Che vi fa co' suoi raggi alte e superbe;

O soave contrada, o puro fiume,
    Che bagni 'l suo bel viso e gli occhi chiari,
    E prendi qualità dal vivo lume;

Quanto v'invidio gli atti onesti e cari!
    Non fia in voi scoglio omai che per costume
    D'arder co' la mia fiamma non impari.

Sonnet III

Happy, blissful flowers, and well-born grass,
   That my pensive Lady is wont to tread upon;
   Gentle incline that to her sweet words listen
   And of her lovely foot retain some trace,

Smooth saplings, and green and tender leaves,
   Darling pale violets;
   Shadowy woods where plays the sun
   That makes you with its rays tall and superb;

O sweet countryside, o pure stream,
   That bathe her lovely face and her clear eyes,
   And quality take from her live light;

How I envy you your honest and dear acts!
   There will be no rock in you by now that from habit
   Learns not with my flame to burn.

Sonetto IV

Cantai; or piango, e non men di dolcezza
    Del pianger prendo, che del canto presi;
    Ch'a la cagion, non a l'effetto intesi
    Sono i miei sensi vaghi pur d'altezza.

Indi e mansuetudine e durezza,
    Ed atti feri, ed umili e cortesi
    Porto egualmente; nè me gravan pesi,
    Nè l'arme mie punta di sdegni spezza.

Tengan dunque ver me l'usato stile
    Amor, Madonna, il mondo e mia fortuna;
    Ch'i' non penso esser mai se non felice.

Viva o mora o languisca, un più gentile
    Stato del mio non è sotto la luna:
    Sì dolce è del mio amaro la radice.

Sonnet IV

I sang; now I weep, and take no less sweetness
    From weeping, than from song I took;
      For my senses, though cherishing height,
      Are intent on the cause, not on the effect.

Hence mildness and harshness,
    And fierce acts, and humble and courteous ones
      I bear equally; nor am I heavy-burdened,
      Nor do shafts of disdain my armor pierce.

Let Love, my Lady, the world and my fortune
    Keep then toward me their usual style;
      For I don't think I'll ever be anything but happy.

Whether I live or die or languish, there is
    No serener state than mine under the moon:
      So sweet is of my bitterness the root.

Canzone I

Chiare, fresche e dolci acque,
    Ove le belle membra
    Pose colei che sola a me par donna;
    Gentil ramo, ove piacque
    (Con sospir mi rimembra)
    A lei di fare al bel fianco colonna;
    Erba e fior che la gonna
    Leggiadra ricoverse
    Co' l'angelico seno;
    Aer sacro, sereno,
    Ove Amor co' begli occhi il cor m'aperse;
    Date udienza insieme
    A le dolenti mie parole estreme.

S'egli è pur mio destino,
    E 'l ciel in ciò s'adopra,
    Ch'Amor quest'occhi lagrimando chiuda,
    Qualche grazia il meschino
    Corpo fra voi ricopra,
    E torni l'alma al proprio albergo ignuda.
    La morte fia men cruda
    Se questa speme porto
    A quel dubbioso passo;
    Chè lo spirito lasso
    Non poria mai in più riposato porto
    Nè in più tranquilla fossa
    Fuggir la carne travagliata e l'ossa.

Tempo verrà ancor forse
    Ch'a l'usato soggiorno
    Torni la fera bella e mansueta:
    E là 'v'ella mi scorse
    Nel benedetto giorno,
    Volga la vista disiosa e lieta,
    Cercandomi; ed, oh pieta!
    Già terra in fra le pietre
    Vedendo, Amor l'inspiri
    In guisa che sospiri
    Sì dolcemente che mercè m'impetre,
    E faccia forza al Cielo
    Asciugandosi gli occhi col bel velo.

Canzone I

Clear, fresh, sweet waters,
    Where she who alone seems woman to me
    Bathed her lovely limbs;
    Gentle branch, where it pleased her
    (I remember with a sigh)
    To lean as on a column with her lovely flank;
    Grass and flowers
    That her graceful robe
    Covered along with her angelic breast;
    Air sacred, serene,
    Where Love with her beautiful eyes opened my heart;
    Together hear
    My dolorous last words.

If indeed it be my fate,
    And Heaven is bent on it,
    That Love close these weeping eyes,
    May some grace
    Bury my piteous body among you,
    And may my naked soul return to its abode.
    Death will be less harsh
    If I take with me this hope
    To that fearsome pass;
    For the tired spirit
    Could never leave the worn-out flesh and bones
    In a more restful haven
    Or a more tranquil grave.

There may yet come a time,
    When to its usual haunt
    The fair and mild wild one will return:
    And there where she saw me
    On that blessed day,
    Turn her yearning, happy eyes,
    Seeking me; and, oh the pity!
    Seeing me already become earth
    Among the stones, Love will inspire her
    To sigh so sweetly
    As to win mercy for me,
    And, drying her eyes with her beautiful veil,
    Force Heaven to yield.

Da' be' rami scendea
   (Dolce ne la memoria)
   Una pioggia di fior sovra 'l suo grembo;
   Ed ella si sedea
   Umile in tanta gloria,
   Coverta già de l'amoroso nembo.
   Qual fior cadea sul lembo,
   Qual su le treccie bionde,
   Ch'oro forbito e perle
   Eran quel dì a vederle;
   Qual si posava in terra, e qual su l'onde;
   Qual con un vago errore
   Girando parea dir: "Qui regna Amore."

Quante volte diss'io
   Allor pien di spavento:
   "Costei per certo nacque in Paradiso!"
   Così carco d'oblio
   Il divin portamento
   E 'l volto e le parole e 'l dolce riso
   M'aveano, e sì diviso
   Da l'imagine vera,
   Ch'i' dicea sospirando:
   "Qui come venn'io, o quando?"
   Credendo esser in Ciel, non là dov'era.
   Da indi in qua mi piace
   Quest' erba sì, ch'altrove non ho pace.

Se tu avessi ornamenti quant'hai voglia,
   Potresti arditamente
   Uscir del bosco e gir in fra la gente.

A rain of flowers descended
    (Sweet to remember)
    From the beautiful boughs onto her lap;
    And she was sitting
    Humble in such a glory,
    Already covered by the loving cloud.
    One flower would fall on her robe's hem,
    Another on her blond braids,
    Which burnished gold and pearls
    Were that day to see;
    Another would land on the ground, another on the waves;
    Another wandering fondly in circles
    Seemed to say: "Here Love reigns."
Then how many times
    I said in awe:
    "That one for sure was born in Paradise!"
    So laden with oblivion
    Her divine bearing,
    Her face, her words and her sweet laugh
    Had made me, and so divided me
    From the real image,
    That sighing I said:
    "How did I come here, or when?"
    Thinking I was in Heaven, and not there.
    From then on I like
    This grass so, I find no peace elsewhere.
If you had as many ornaments as desire,
    You could boldly
    Leave the wood and go among people.

Canzone II

Di pensier in pensier, di monte in monte
   Mi guida Amor; ch'ogni segnato colle
   Provo contrario a la tranquilla vita.
   Se 'n solitaria piaggia, rivo, o fonte,
   Se 'n fra due poggi siede ombrosa valle,
   Ivi s'acqueta l'alma sbigottita;
   E come Amor l'envita,
   Or ride, or piange, or teme, or s'assecura.
   E 'l volto che lei segue ov'ella il mena
   Si turba e rasserena
   Ed in un esser picciol tempo dura:
   Onde a la vista uom di tal vita esperto
   Diria: "Questo arde, e di suo stato è incerto."

Per alti monti e per selve aspre trovo
   Qualche riposo; ogni abitato loco
   È nemico mortal degli occhi miei.
   A ciascun passo nasce un penser novo
   De la mia donna, che sovente in gioco
   Gira 'l tormento ch'i' porto per lei!
   Ed a pena vorrei
   Cangiar questo mio viver dolce amaro,
   Ch'i' dico: "Forse ancor ti serva Amore
   Ad un tempo migliore:
   Forse a te stesso vile, altrui se' caro;"
   Ed in questa trapasso sospirando:
   "Or potrebbe esser vero? or come? or quando?"

Ove porge ombra un pino alto od un colle,
   Talor m'arresto, e pur nel primo sasso
   Disegno co' la mente il suo bel viso.
   Poi ch'a me torno, trovo il petto molle
   De la pietate; ed allor dico: "Ahi lasso,
   Dove se' giunto; ed onde se' diviso!"
   Ma mentre tener fiso
   Posso al primo pensier la mente vaga,
   E mirar lei, ed obliar me stesso,
   Sento Amor sì da presso,
   Che del suo proprio error l'alma s'appaga:
   In tante parti e sì bella la veggio,
   Che se l'error durasse altro non cheggio.

Canzone II

From thought to thought, from mountain to mountain
    Love guides me; for every trodden lane
    I find contrary to a tranquil life.
    If on a solitary slope there is a stream or spring,
    If twixt two hills lies a shady valley,
    There my dismayed soul finds rest;
    And as Love bids it,
    Now it laughs, now weeps, now fears, now is reassured.
    And my face, that follows where it leads,
    Frowns and brightens
    And stays in one mood only a short time:
    So that, at the sight, a man experienced in such a life
    Would say: "This one burns, and is uncertain of his state."

On high mountains and through rough woods I find
    Some rest; every inhabited place
    Is a mortal enemy of my eyes.
    With every step is born a new thought
    About my lady, which often turns to play
    The torment I bear for her!
    And scarcely would I change
    This bittersweet living of mine,
    For I say: "Perhaps Love saves you
    For a better time:
    Perhaps, worthless to yourself, to her you are dear."
    And I muse over this, sighing:
    "Now could it be true? but how? and when?"

Where a tall pine or a hill offers shade,
    I sometimes pause, and on the first stone
    I draw with my mind her lovely face.
    Then, to myself returning, I find my breast moist
    With pity; and then I say: "Alas,
    Where have you come to, and whence have you been parted?"
    But as long as I can keep fixed
    On the first thought my wandering mind,
    And see her, and forget myself,
    I feel Love so close,
    That the soul is content with its illusion:
    In so many places and so fair I see her
    That if the illusion lasted I'd ask for nothing more.

I' l'ho più volte (or chi fia me 'l creda?)
    Ne l'acqua chiara e sopra l'erba verde
    Veduta viva, e nel troncon d'un faggio,
    E 'n bianca nube, sì fatta che Leda
    Avria ben detto che sua figlia perde,
    Come stella, che 'l sol copre col raggio;
    E quanto in più selvaggio
    Loco mi trovo e 'n più deserto lido,
    Tanto più bella il mio pensier l'adombra.
    Poi quando il vero sgombra
    Quel dolce error, pur lì medesmo assido
    Me freddo, pietra morta in pietra viva,
    A guisa d'uom che pensi e parli e scriva.

Ove d'altra montagna ombra non tocchi,
    Verso 'l maggiore e 'l più spedito giogo
    Tirar mi suol un desiderio intenso:
    Indi i miei danni a misurar con gli occhi
    Comincio, e 'n tanto sfogo
    Di dolorosa nebbia il cor condenso,
    Allor ch'i' miro e penso
    Quanta aria dal bel viso mi diparte
    Che sempre m'è sì presso e sì lontano.
    Poscia fra me pian piano:
    "Che fai tu lasso? Forse in quella parte
    Or di tua lontananza si sospira."
    Ed in questo penser l'alma respira.

Canzone, oltra quell'alpe,
    Là dove 'l ciel è più sereno e lieto,
    Mi rivedrai sovr'un ruscel corrente,
    Ove l'aura si sente
    D'un fresco ed odorifero laureto.
    Ivi è 'l mio cor, e quella che 'l m'invola.
    Qui veder puoi l'imagine mia sola.

Many a time (now who will believe me?)
　　In clear water and green grass
　　I've seen her alive, and in a beech trunk,
　　And in a white cloud, so shapely that Leda
　　Would have said her daughter faded,
　　Like a star that the sun covers with its rays;
　　And the wilder the place I am in
　　And the more deserted the shore,
　　So much the more lovely my thought limns her.
　　Then when truth clears away
　　That sweet illusion, I sit in the same place,
　　Cold, a dead rock on a live one,
　　In the guise of a man who thinks and weeps and writes.

Where the shadow of another mountain is not cast,
　　Toward the highest, most unobstructed peak
　　An intense desire tends to draw me:
　　From there I begin to measure my sorrows
　　With my eyes, and in the meantime relieve
　　My heart of its dense gloom,
　　When I see and think
　　How much air separates me from the lovely face
　　That is always so near me and so far.
　　Then softly to myself I say:
　　"What are you doing, poor man? Perhaps in that place
　　Now one is sighing over your being so far away."
　　And my soul breathes with this thought.

Song, beyond that alp,
　　There where the sky is more serene and happy,
　　You will again see me by a flowing stream,
　　Where you feel the breeze
　　Of a fresh and fragrant laurel grove.
　　There is my heart and she who steals it from me.
　　Here you can see my image alone.

Trionfo d'amore, III, 148-190

Dura legge d'Amor! ma benchè obliqua,
   Servar conviensi; però ch'ella aggiunge
   Di cielo in terra, universale, antiqua.

Or so come da sè il cor si disgiunge,
   E come sa far pace, guerra e tregua,
   E coprir suo dolor quand'altri il punge.

E so come in un punto si dilegua
   E poi si sparge per le guance il sangue,
   Se paura o vergogna avvien che 'l segua.

So come sta tra' fiori ascoso l'angue;
   Come sempre fra due si vegghia e dorme;
   Come senza languir si more e langue.

So della mia nemica cercar l'orme,
   E temer di trovarla; e so in qual guisa
   L'amante nell'amato si trasforme.

So fra lunghi sospiri e brevi risa
   Stato, voglia, color cangiare spesso;
   Viver, stando dal cor l'alma divisa.

So mille volte il dì ingannar me stesso;
   So, seguendo 'l mio foco ovunqu'e' fugge
   Arder da lunge ed agghiacciar da presso.

So com'Amor sopra la mente rugge,
   E com'ogni ragione indi discaccia;
   E so in quante maniere il cor si strugge.

So di che poco canape s'allaccia
   Un'anima gentil, quand'ella è sola,
   E non è chi per lei difesa faccia.

So com'Amor saetta e come vola;
   E so com'or minaccia ed or percote;
   Come ruba per forza e come invola;

E come sono instabili sue rote;
   Le speranze dubbiose e 'l dolor certo;
   Sue promesse di fe' come son vote;

Come nell'ossa il suo foco si pasce
   E ne le vene vive occulta piaga,
   Onde morte e palese incendio nasce.

Triumph of Love, III, 148-190

Harsh law of Love! yet, though oblique,
  It is best to observe it; since it extends
  From heaven to earth, universal, ancient.

Now I know how by itself the heart unbinds itself,
  And how it knows how to make peace and war and call a truce,
  And hide its pain when others wound it.

And I know how at one moment the blood
  Fades and then spreads over the cheeks,
  If fear or shame should happen to pursue it.

I know how the snake stays hidden among flowers;
  How one ever wakes and sleeps in a dilemma;
  How without being ill one can die and languish.

I know how to seek the footsteps of my foe,
  And to fear finding her; and I know how
  The lover into the loved one is transformed.

I know between long sighs and brief laughter
  How often one's state, will and color change;
  And to live, with the heart divided from the soul.

I know how to deceive myself a thousand times a day;
  I know, following my fire wherever it may flee,
  What it is to burn from afar and freeze from near.

I know how Love roars over the mind,
  And how it entirely chases reason from it;
  And I know in how many ways the heart pines away.

I know by what a slender thread
  A gentle soul is caught, when it is alone,
  And there is no one to defend it.

I know how Love darts and how it flies;
  And I know how now it threatens, and now it strikes;
  How it steals by force and on the sly;

And how very unstable are its wheels;
  How dubious its hopes, and certain its pain;
  How empty are its promises of faith;

How its fire is kindled in the bones
  And lives as an occult sore in the veins,
  Whence death and open flames are born.

In somma so com'è incostante e vaga,
  Timida, ardita vita degli amanti;
  Ch'un poco dolce molto amaro appaga:
E so i costumi e i lor sospiri e canti
  E 'l parlar rotto e 'l subito silenzio
  E 'l brevissimo riso e i lunghi pianti,
E qual è 'l mel temprato con l'assenzio.

In short I know how inconstant, wavering,
   Timid, bold is the life of lovers,
   That a little sweetness much bitterness allays:
And I know their customs and their sighs and songs
   And their broken speech and the sudden silence
   And the very brief laugh and the long cries,
And which is the honey tempered with absinthe.

LORENZO DE' MEDICI
1449-1492 (n. e m. a Firenze)

Il trionfo di Bacco e Arianna

Quant'è bella giovinezza
   Che si fugge tuttavia!
   Chi vuol esser lieto, sia:
   Di doman non c'è certezza.

Quest'è Bacco e Arianna,
   Belli, e l'un dell'altro ardenti:
   Perchè 'l tempo fugge e 'nganna,
   Sempre insieme stan contenti.
   Queste ninfe e altre genti
   Sono allegre tuttavia.
   Chi vuol esser lieto, sia:
   Di doman non c'è certezza.

Questi lieti satiretti
   Delle ninfe innamorati
   Per caverne e per boschetti
   Han lor posto cento aguati:
   Or da Bacco riscaldati,
   Ballan, saltan tuttavia.
   Chi vuol esser lieto, sia:
   Di doman non c'è certezza.

Queste ninfe hanno anco caro
   Da loro essere ingannate:
   Non puon far a Amor riparo
   Se non genti rozze e 'ngrate:
   Ora insieme mescolate
   Fanno festa tuttavia.
   Chi vuol esser lieto, sia:
   Di doman non c'è certezza.

Questa soma che vien dreto
   Sopra l'asino, è Sileno:
   Così vecchio è ebbro e lieto,
   Già di carne e d'anni pieno:
   Se non può star ritto, almeno
   Ride e gode tuttavia.
   Chi vuol esser lieto, sia:
   Di doman non c'è certezza.

LORENZO DE' MEDICI
1449-1492 (b. and d. in Florence)

Triumph of Bacchus and Ariadne

How fair is youth
   Though ever fleeting!
   Let who would be happy, be:
   There's no certainty of tomorrow.

This is Bacchus and Ariadne,
   Beautiful, and ardent for each other:
   Since time flies and deceives,
   They are ever happy together.
   These nymphs and other people
   Are always merry.
   Let who would be happy, be:
   There's no certainty of tomorrow.

These happy little satyrs
   Enamored of the nymphs
   Through caves and groves
   Have set them a hundred snares:
   Now by Bacchus warmed,
   They ever dance and leap.
   Let who would be happy, be:
   There's no certainty of tomorrow.

These nymphs are also fond
   Of being by them beguiled;
   None but uncouth, ungrateful people
   Can guard themselves from Love:
   Now mixed together
   They make merry always.
   Let who would be happy, be:
   There's no certainty of tomorrow.

This load that comes behind
   On the donkey, is Silenus:
   So old, he is tipsy and gay,
   With flesh and years already full:
   If he can't stand up, at least
   He always laughs and revels.
   Let who would be happy, be:
   There's no certainty of tomorrow.

Mida vien dopo costoro:
   Ciò che tocca, oro diventa.
   E che giova aver tesoro,
   Poichè l'uom non si contenta?
   Che dolcezza vuoi che senta
   Chi ha sete tuttavia?
   Chi vuol esser lieto, sia:
   Di doman non c'è certezza.

Ciascun apra ben gli orecchi:
   Di doman nessun si paschi;
   Oggi siam giovani e vecchi
   Lieti ognun, femmine e maschi;
   Ogni tristo pensier caschi;
   Facciam festa tuttavia.
   Chi vuol esser lieto, sia:
   Di doman non c'è certezza.

Donne e giovanetti amanti,
   Viva Bacco e viva Amore!
   Ciascun suoni, balli e canti!
   Arda di dolcezza il core!
   Non fatica, non dolore!
   Quel ch'a esser, convien sia.
   Chi vuol esser lieto, sia:
   Di doman non c'è certezza.

Quant'è bella giovinezza
   Che si fugge tuttavia!

Midas comes after them:
    What he touches, turns to gold.
    And what's the use of having treasure,
    Since man is not content?
    What sweetness do you think one
    Who is ever thirsty savors?
    Let who would be happy, be:
    There's no certainty of tomorrow.

Let each one prick up his ears:
    On tomorrow none may feed;
    Today, young and old,
    Female and male, we are all happy;
    Let every sad thought drop;
    Let's have fun always.
    Let who would be happy, be:
    There's no certainty of tomorrow.

Women and young lovers,
    Hail Bacchus and hail Love!
    Let everyone play, dance and sing!
    Let the heart with sweetness glow!
    No fatigue, no pain!
    What must be, needs be.
    Let who would be happy, be:
    There's no certainty of tomorrow.

How fair is youth
    Though ever fleeting!

ANGELO POLIZIANO
1454-1494 (n. a Montepulciano, m. a Firenze)

Canzone (da La Favola di Orfeo)

Udite, selve, mie dolci parole,
Poi che la ninfa mia udir non vole.

La bella ninfa è sorda al mio lamento
E 'l suon di nostra fistula non cura:
Di ciò si lagna il mio cornuto armento,
Nè vuol bagnare il grifo in acqua pura,
Nè vuol toccar la tenera verdura;
Tanto del suo pastor gl'incresce e dole.

Udite, selve, mie dolci parole.

Ben si cura l'armento del pastore:
La ninfa non si cura dello amante;
La bella ninfa che di sasso ha il core,
Anzi di ferro, anzi l'ha di diamante:
Ella fugge da me sempre d'avante,
Come agnella dal lupo fuggir sole.

Udite, selve, mie dolci parole.

Digli, zampogna mia, come si fugge
Cogli anni insieme la bellezza snella;
E digli come il tempo ne distrugge,
Nè l'età persa mai si rinnovella:
Digli che sappia usar suo' forma bella,
Che sempre mai non son rose e viole.

Udite, selve, mie dolci parole.

Portate, venti, questi dolci versi
Dentro all'orecchio della ninfa mia:
Dite quant'io per lei lagrime versi,
E lei pregate che crudel non sia:
Dite che la mia vita fugge via
E si consuma come brina al sole.

Udite, selve, mie dolci parole;
Poi che la ninfa mia udir non vole.

ANGELO POLIZIANO
1454-1494 (b. in Montepulciano, d. in Florence)

Canzone (*from* The Fable of Orpheus)

> Listen, woods, to these sweet words of mine,
> Because my nymph won't listen to me.

The lovely nymph is deaf to my lament
  And for the sound of my pipe she doesn't care:
  Of this my horned herd complains,
  And will not dip their muzzles in pure water,
  Or tender herbage touch;
  So saddened and hurt it is about its shepherd.

> Listen, woods, to these sweet words of mine.

The herd takes good care of its shepherd:
  The nymph for its lover doesn't care;
  The lovely nymph who has a heart of stone,
  Or rather of iron, or rather she has it of diamond:
  She ever flees before me,
  As a lamb from a wolf is used to fleeing.

> Listen, woods, to these sweet words of mine.

Tell her, bagpipe of mine, how nimble beauty
  Flies together with the years;
  And tell her how time destroys us,
  And that lost youth never renews itself:
  Tell her to know how to use her lovely shape,
  For roses and violets do not last forever.

> Listen, woods, to these sweet words of mine.

Carry, winds, these sweet verses
  Into the ears of my nymph:
  Tell her how many tears I shed for her,
  And beg her not to be cruel:
  Tell her my life flies away
  And is consumed like frost is in the sun.

> Listen, woods, to these sweet words of mine;
> Because my nymph won't listen to me.

LODOVICO ARIOSTO
1474-1533 (n. a Reggio Emilia, m. a Ferrara)

Elegia VI

O più che 'l giorno a me lucida e chiara,
    Dolce, gioconda, avventurosa notte,
    Quanto men ti sperai, tanto più cara.

Stelle a' furti d'Amor soccorrer dotte,
    Che minuiste il lume, nè per vui
    Mi fur l'amiche tenebre interrotte!

Sonno propizio, che lasciando dui
    Vigili amanti soli, così oppresso
    Avevi ogn'altro, ch'invisibil fui.

Benigna porta, che con sì sommesso
    E con sì basso suon mi fosti aperta,
    Che appena ti sentì chi t'era appresso!

O mente ancor di non sognar incerta,
    Quando abbracciar dalla mia Dea mi vidi,
    E fu la mia con la sua bocca inserta!

O benedetta man ch'indi mi guidi;
    O cheti passi che m'andaste innanti;
    O camera che poi così m'affidi!

O complessi iterati, che con tanti
    Nodi cingeste i fianchi, il petto e 'l collo,
    Che non ne fan più l'edere e gli acanti.

Bocca, onde ambrosia libo, nè satollo
    Mai ne ritorno! o dolce lingua, o umore,
    Per cui l'arso mio cor bagno e rimollo!

Fiato che spiri assai più grato odore
    Che non porta dagli Indi o da' Sabei,
    Fenice al rogo ove s'incende e more.

O letto testimon de' piacer miei;
    Letto cagion che una dolcezza io gusti,
    Che non invidio il lor nettare ai Dei!

O letto donator de' premi giusti,
    Letto che spesso in l'amoroso assalto
    Mosso, distratto, ed agitato fusti!

Voi tutti ad un ad un, ch'ebbi dell'alto
    Piacer ministri, avrò in memoria eterna,
    E, quanto è il mio poter, sempre vi esalto.

LODOVICO ARIOSTO
1474-1533 (b. in Reggio Emilia, d. in Ferrara)

Elegy VI

O brighter and clearer than the day,
    Joyous, adventurous, sweet night,
    Dearer for your being beyond my hope.

Stars learned at succoring Love's thefts,
    That dimmed your light, so that for you
    Friendly darkness was not interrupted!

Propitious sleep, that leaving alone
    Two vigilant lovers, you had so overcome
    Everyone else, I was unseen.

Kind door, you that were opened for me
    With such a muted and low sound,
    That I barely heard you though I was beside you!

O mind still uncertain of not dreaming,
    When I saw myself by my Goddess embraced,
    And when my mouth with hers was joined!

O blessed hand that guided me from there;
    O soft steps that went before me;
    O chamber that then so had me in trust!

O repeated embraces, by which with more knots
    The flanks, breast and neck were bound
    Than ivies and acanthuses can make.

Mouth, whence I taste ambrosia, and from which
    I never return sated! o sweet tongue, o lymph
    With which I bathe and freshen my parched heart!

Breath, that suffused a far more welcome scent
    Than that which the phoenix carries from the Indies
    Or from Sheba to the pyre on which it burns and dies.

O bed, the witness of my pleasures;
    Bed, the cause of my savoring such sweetness
    That I don't envy the Gods their nectar!

O bed, provider of the right rewards,
    Bed, you that were often moved, ruffled
    And shaken in amorous assault!

All of you one by one, that ministered to me
    The high pleasure, I will eternally remember,
    And as much as is in my power always exalt.

Nè più debb'io tacer di te, lucerna,
    Che con noi vigilando, il ben ch'io sento,
    Vuoi che con gli occhi ancor tutto discerna.

Per te fu duplicato il mio contento:
    Nè veramente si può dir perfetto
    Un amoroso gaudio a lume spento.

Quanto più giova in sì soave effetto,
    Pascer la vista or degli occhi divini,
    Or della fronte, or dell'eburneo petto:

Mirar le ciglia e gli aurei crespi crini,
    Mirar le rose in su le labbra sparse,
    Porvi la bocca, e non temer di spini:

Mirar le membra, a cui non può agguagliarse
    Altro candor, e giudicar mirando
    Che le grazie del ciel non vi fur scarse:

E quando a un senso soddisfare, e quando
    All'altro, e sì che ne fruiscan tutti,
    E pur un solo non ne lasciare in bando!

Deh! perchè son d'amor sì rari i frutti?
    Deh! perchè del gioir sì breve è il tempo?
    Perchè sì lunghi e senza fine i lutti?

Perchè lasciasti, oimè, così per tempo,
    Invida Aurora il tuo Titone antico,
    E del partir m'accelerasti il tempo?

Ti potess'io, come ti son nemico,
    Nuocer così! se 'l tuo vecchio ti annoia
    Chè non ti cerchi un più giovane amico,

E vivi, e lasci altrui viver in gioia?

Nor anymore must I be silent about you, lamp,
    That vigilant with us, wanted me to discern also
    With my eyes all the well-being I felt.

Because of you my delight doubled:
    Nor can it be truly said that amorous joy
    Is perfect when the light is quenched.

How much better at so sweet a point
    To feast one's sight now on the divine eyes,
    Now on the forehead, now on the ivory-white breast:

To look at the eyelashes and the wavy golden hair,
    To see the roses spread upon the lips,
    To lay on them the mouth, and not fear thorns:

To see the limbs, that any other whiteness
    Cannot match, and, looking, judge
    That in them heaven's graces were not scant:

And to satisfy now one sense, now
    Another, so they may all be gratified,
    And leave not even one of them in exile!

Ah! why are the fruits of love so rare?
    Ah! why is the time of our delight so brief?
    Why so long and endless are its mournings?

Why, alas, envious Aurora, your ancient
    Tithonus did you leave so soon,
    And hastened the time of my departure?

If I could only harm you in the same way,
    Your enemy as I am! if your old man annoys you
    Why don't you seek a younger friend,

And live, and let others live in joy?

MICHELANGELO BUONARROTI

1475-1564 (n. a Caprese, m. a Roma)

Sonetto

Non ha l'ottimo artista alcun concetto
    Ch'un marmo solo in sè non circonscriva
    Col suo soverchio, e solo a quello arriva
    La man che obbedisce all'intelletto.

Il mal ch'io fuggo, e 'l ben ch'io mi prometto,
    In te, donna leggiadra, altera e diva,
    Tal si nasconde; e perch'io più non viva
    Contraria ho l'arte al disiato effetto.

Amor dunque non ha, nè tua beltate,
    O fortuna, o durezza, o gran disdegno
    Del mio mal colpa, o mio destino, o sorte,

Se dentro del tuo cor morte e pietate
    Porti in un tempo, e che 'l mio basso ingegno
    Non sappia ardendo trarne altro che morte.

Ad Amore

Quanta dolcezza al cor per gli occhi porta
    Quel che 'n un punto el tempo e morte fura!
    Che è questo però, che mi conforta
    E negli affanni cresce e sempre dura.

Amor, come virtù viva e accorta,
    Desta gli spirti ed è più degna cura.
    Risponde a me: Come persona morta
    Mena sua vita chi è da me sicura?

Amore è un concetto di bellezza,
    Immaginata o vista dentro al core,
    Amica di virtute e gentilezza.

(La notte)

Caro m'è 'l sonno, e più l'esser di sasso
    Mentre che 'l danno e la vergogna dura:
    Non veder, non sentir, m'è gran ventura;
    Però non mi destar, deh! parla basso.

MICHELANGELO BUONARROTI

1475-1564 (b. in Caprese, d. in Rome)

Sonnet

The best artist has no conception
    That the marble alone does not enclose
    With its surplus in itself, and only to that
    Arrives the hand which obeys the mind.

The evil that I shun, the good I vow to find,
    Graceful lady, proud and divine, hide in you
    In the same way; and so I may live no more,
    My art misses the effect that I desire.

Love then is not, nor is your beauty,
    Nor are luck, or harshness, or great disdain
    To blame for my ills, or my fate, or lot,

If within your heart death and pity
    You bear at the same time, and my poor skill
    Knows not, burning, how to draw from it anything but death.

To Love

How much sweetness through the eyes brings to the heart
    What in a moment time and death will rob!
    It is this therefore that comforts me
    And through my heartaches grows and always lasts.

Love, as a live and alert virtue,
    Awakens the spirit and is a worthier care.
    Answer me: How does a dead person
    Lead his life secure from me?

Love is a concept of beauty,
    Imagined or seen within the heart,
    A friend of virtue and gentleness.

(The Night)

Dear to me is sleep, and dearer to be of stone
    While evil and shame last:
    Not to see, not to hear, is a great boon;
    So do not wake me, please! speak low.

(Il peccato)

Vivo al peccato, a me morendo vivo;
   Vita già mia non son, ma del peccato.
   Mio ben dal ciel, mio mal da me m'è dato,
   Dal mio sciolto voler, di ch'io son privo.

Serva mia libertà, mortal mio divo
   A me s'è fatto. O infelice stato!
   A che miseria, a che viver son nato!

(Sin)

I live in sin, to myself dying I live;
  Life is no more my own, but of my sin.
  Goodness comes from heaven, evil by me to me is given,
  By my free will, of which I am bereft.
Slave my freedom, mortal my god
  To me have become. O unhappy state!
  To what misery, to what life I was born!

VITTORIA COLONNA
1492-1547 (n. a Marino, m. a Roma)

Sonetto

Qual digiuno augellin, che vede ed ode
   Batter l'ali alla madre intorno, quando
   Gli reca il nutrimento, ond'egli, amando
   Il cibo e quella, si rallegra e gode,

E dentro al nido suo si strugge e rode
   Per desio di seguirla anch'ei volando,
   E la ringrazia in tal modo cantando
   Che par ch'oltre 'l poter la lingua snode;

Tal io qualor 'l caldo raggio e vivo
   Del divin sole, onde nutrisco il core,
   Più dell'usato lucido lampeggia,

Muovo la penna spinta dall'amore
   Interno, e senza ch'io stessa m'avveggia
   Di quel ch'io dico, le sue lodi scrivo.

VITTORIA COLONNA
1492-1547 (b. in Marino, d. in Rome)

Sonnet

Like an unfed litte bird, that sees and hears
    His mother's wings beating about, when
    She brings him nourishment, so that he, loving
    The food and her, rejoices and is cheered,

And within his nest he is consumed and gnawed
    By desire to follow her in flight,
    And thanks her by singing in such a way
    That his tongue seems untied beyond his power;

So I, whenever the live and warm rays
    Of the divine sun, whence I nourish my heart,
    Flash brighter than usual,

Move my pen urged on by an inner
    Love, and without being aware
    Of what I am saying, I write his praise.

GASPARA STAMPA
1523-1554 (n. a Padova, m. a Venezia)

Sonetto

Piangete, donne, e con voi pianga Amore,
    Poi che non piange lui che m'ha ferita
    Sì, che l'alma farà tosto partita
    Da questo corpo tormentato fuore;

E, se mai da pietoso e gentil core
    L'estrema voce altrui fu esaudita,
    Da poi ch'io sarò morta e seppellita,
    Scrivete la cagion del mio dolore:

"Per amar molto ed esser poco amata
    Visse e morì infelice, ed or qui giace
    La più fedele amante che sia stata.

Pregale, viator, riposo e pace,
    Ed impara da lei sì mal trattata
    A non seguire un cor crudo e fugace."

GASPARA STAMPA
1523-1554 (b. in Padua, d. in Venice)

Sonnet

Weep, ladies, and with you let Love weep,
    For he weeps not who wounded me so deep
    That soon my soul from out this
    Tormented body will depart.

And, if ever by a compassionate and kind heart
    Another's final voice was heeded,
    After I will be dead and buried,
    Write the reason of my grief:

"For loving much and being loved little
    She lived and died unhappy, and now here lies
    The most faithful lover there ever might have been.

Wayfarer, pray for her rest and peace,
    And learn from her who was so ill-treated
    Not to follow a cruel and fickle heart."

TORQUATO TASSO
1544-1595 (n. a Sorrento, m. a Roma)

Qual rugiada, qual pianto

Qual rugiada, qual pianto,
   Quai lagrime eran quelle
   Che sparger vidi dal notturno manto,
   E dal volto sereno delle stelle?
   E perchè seminò la bianca Luna
   Di cristalline stelle un puro nembo
   All'erba fresca in grembo?
   Perchè nell'aria bruna
   S'udian, quasi dolendo, intorno intorno
   Gir l'aure insino al giorno?
   Fur segni forse della tua partita,
   Vita della mia vita?

TORQUATO TASSO
1544-1595 (b. in Sorrento, d. in Rome)

What Dew, What Weeping

What dew, what weeping,
  What tears were those
  That I saw spreading from the mantle of the night,
  And from the serene visage of the stars?
  And why did the white Moon scatter
  A pure cloud of crystal stars
  On the fresh grass?
  Why were the winds heard, almost sighing,
  Going around and around in the dark air
  Until the break of day?
  Were they signs perhaps of your departure,
  Life of my life?

ISABELLA CANALI ANDREINI
1562-1604 (n. a Padova, m. a Lione)

Sonetto

Qual ruscello veggiam d'acque sovente
    Povero scaturir d'alpestre vena,
    Sì che temprar pon le sue stille a pena
    Di stanco peregrin la sete ardente;

Ricco di pioggia poi farsi repente
    Superbo sì, che nulla il corso affrena
    Di lui che imperioso il tutto mena,
    Ampio tributo all'ocean possente;

Tal da principio avea debil possanza
    A danno mio questo tiranno amore,
    E chiese in van de' miei pensier' la palma.

Ora sovra il cor mio tanto s'avanza,
    Che rapida ne porta il suo furore
    A morte il senso e la ragione e l'alma.

ISABELLA CANALI ANDREINI
1562-1604 (b. in Padua, d. in Lyons)

Sonnet

Like a stream we often see stemming
    From an alpine vein, with such scant waters
    Its drops can hardly quench
    The weary pilgrim's searing thirst;

Then rich with rain it suddenly becomes
    So haughty that nothing brakes its flood,
    Which, imperious, carries everything before it,
    Ample tribute to the mighty sea;

Even so at first this tyrant love
    Had weak power to harm me,
    And in vain asked to win over my thoughts,

Now it so overwhelms my heart
    That its fury rapidly drives
    To death my sense and my reason and my soul.

GIAMBATTISTA MARINO
1569-1625 (n. e m. a Napoli)

La vita

Apre l'uomo infelice, allor che nasce
   In questa vita di miserie piena,
    Pria ch'al sol, gli occhi al pianto; e nato appena
    Va prigionier fra le tenaci fasce.

Fanciullo, poi che non più latte il pasce,
   Sotto rigida sferza i giorni mena;
    Indi in età più ferma e più serena
    Tra fortuna ed amor muore e rinasce.

Quante poscia sostien, tristo e mendico,
   Fatiche e morti, infin che curvo e lasso
    Appoggia a debil legno il fianco antico!

Chiude alfin le sue spoglie angusto sasso,
   Ratto così, che sospirando io dico:
    "Dalla cuna alla tomba è un breve passo."

GIAMBATTISTA MARINO
1569-1625 (b. and d. in Naples)

Life

Unhappy man, when he is born into this life
   With miseries replete, he opens his eyes to tears,
   Even before than to the sun; and, barely born,
   He is made a prisoner in tight swaddling clothes.

As a boy, when he feeds on milk no more,
   Under a stern whip he leads his days;
   Then in a life more stable and serene
   Between fortune and love he dies and is reborn.

Later, sad and in want, how many burdens
   And deaths he bears, until bent and weary
   He leans his ancient frame on a weak cane!

At last a narrow stone encloses his remains,
   So swiftly, that sighing I say:
   "From cradle to grave is a brief step."

PIETRO METASTASIO
1698-1782 (n. a Roma, m. a Vienna)

Son qual per mare ignoto

Son qual per mare ignoto
    Naufrago passeggero,
    Già con la morte a nuoto
    Ridotto a contrastar.

Ora un sostegno, ed ora
    Perde una stella; alfine
    Perde la speme ancora
    E s'abbandona al mar.

PIETRO METASTASIO
1698-1782 (b. in Rome, d. in Vienna)

I Am like a Shipwrecked

I am like a shipwrecked
   Passenger in an unknown sea,
   Already reduced to opposing
   Death by swimming.
He loses now a hold,
   Now a star; at last
   He also loses hope
   And yields himself to the sea.

GIUSEPPE PARINI
1729-1799 (n. a Burisio, m. a Milano)

Il Vespro, 494-505

. . . Ma la notte segue
Sue leggi inviolabili, e declina
Con tacit 'ombra sopra l'emispero;
E il rugiadoso piè lenta movendo,
Rimescola i color vari infiniti,
E via gli sgombra con l'immenso lembo
Di cosa in cosa: e suora de la morte,
Un aspetto indistinto, un solo volto
Al suolo, ai vegetanti, agli animali,
Ai grandi ed a la plebe equa permette;
E i nudi insieme e li dipinti visi
De le belle confonde e i cenci e l'oro.

GIUSEPPE PARINI
1729-1799 (b. in Burisio, d. in Milan)

Vesper, 494-505

. . . But night follows
Her inviolable laws, and descends
With silent shadow over the hemisphere;
And slowly moving her dewy feet,
She blends the varied, infinite colors,
And with her immense hem sweeps them away
From one thing after another: and, death's sister,
Impartial, she allows an indistinct aspect, one face
To the soil, to plants, to animals,
To the great and to the small;
And she blurs the plain faces with the painted ones
Of the beautiful, and the rags and the gold.

UGO FOSCOLO
1778-1827 (n. a Zante, m. a Turnham Green, Londra)

Dei Sepolcri, 1-22

All'ombra dei cipressi e dentro l'urne
    Confortate di pianto è forse il sonno
    Della morte men duro? Ove più il sole
    Per me alla terra non fecondi questa
    Bella d'erbe famiglia e d'animali,
    E quando vago di lusinghe innanzi
    A me non danzeran l'ore future,
    Nè da te, dolce amico, udrò più il verso
    E la mesta armonia che lo governa,
    Nè più nel cor mi parlerà lo spirto
    Delle vergini Muse e dell'Amore,
    Unico spirto a mia vita raminga,
    Qual fia ristoro a' dì perduti un sasso
    Che distingua le mie dall'infinite
    Ossa che in terra e mar semina Morte?
    Vero è ben, Pindemonte, anche la Speme,
    Ultima Dea, fugge i sepolcri; e involve
    Tutte cose l'oblio nella sua notte;
    E una forza operosa le affatica
    Di moto in moto; e l'uomo e le sue tombe
    E l'estreme sembianze e le reliquie
    Della terra e del ciel traveste il Tempo.

UGO FOSCOLO
1778-1827 (b. in Zante, d. at Turnham Green, London)

The Sepulchres, 1-22

In the cypresses' shade and in the urns
   Comforted by weeping, is the sleep of death
   Perhaps less hard? When the sun no more
   For me on earth shall enrich this
   Lovely family of animals and plants,
   And when in my fond fancies the future hours
   Will no longer dance before me,
   And I will hear no more from you, sweet friend, your verse
   And the melancholy music that informs it,
   Nor anymore will speak to my heart the spirit
   Of the virgin Muses and of Love,
   The sole spirit of my wandering life,
   What recompense for my lost days will a stone be
   That distinguishes mine from the infinite bones
   Which Death sows on land and sea?
   It is true indeed, Pindemonte, even Hope,
   Last Goddess, shuns the sepulchres; and oblivion
   In its night enfolds all things;
   And a toilsome force fatigues them
   At each turn; and Time mocks man
   And his tombs and his final aspects
   And the relics of earth and heaven.

Alla sera

Forse perchè della fatal quiete
    Tu sei l'imago, a me sì cara vieni,
    O Sera! E quando ti festeggian liete
    Le nubi estive e i zefiri sereni,

E quando dal nevoso aere inquiete
    Tenebre e lunghe all'universo meni,
    Sempre scendi invocata, e le secrete
    Vie del mio cor soavemente tieni.

Vagar mi fai co' miei pensier su l'orme
    Che vanno al nulla eterno; e intanto fugge
    Questo reo tempo, e van con lui le torme

Delle cure onde meco egli si strugge;
    E mentre io guardo la tua pace, dorme
    Quello spirto guerrier ch'entro mi rugge.

A Zacinto

Nè più mai toccherò le sacre sponde
    Ove il mio corpo fanciulletto giacque,
    Zacinto mia, che te specchi nell'onde
    Del greco mar, da cui vergine nacque

Venere e fea quell'isole feconde
    Col suo primo sorriso, onde non tacque
    Le tue limpide nubi e le tue fronde
    L'inclito verso di colui, che l'acque

Cantò fatali, ed il diverso esiglio,
    Per cui bello di fama e di sventura
    Baciò la sua petrosa Itaca Ulisse.

Tu non altro che il canto avrai del figlio,
    O materna mia terra; a noi prescrisse
    Il fato illacrimata sepoltura.

To Evening

Perhaps because you are the image of the fatal quiet
    You come so dear to me,
      O evening! Both when the happy summer clouds
      And serene zephyrs greet you,

And when from the snowy air
    Turbulent and long darkness to the universe you bring,
      You always descend invoked, and the secret
      Ways of my heart you sweetly hold.

You make me wander with my thoughts on the footprints
    That go to the eternal nothing; and meanwhile
      This wicked time flies, and with it go the throngs

Of cares with which it is consumed along with me;
    And while I gaze upon your peace, sleeps
      That warrior spirit that within me roars.

To Giacinto

And no more will I touch the sacred shores
    Where as a small child my body lay,
      Giacinto mine, that mirror yourself in the waves
      Of the Greek sea, from which was virgin

Venus born and made those isles fecund
    With her first smile, about
      Your limpid clouds and your foliage
      Was not silent the lofty verse of him

Who sang of the fatal waters, and the varied exile
    Through which, beautiful with fame and misfortune,
      Ulysses his rocky Ithaca kissed.

Of your son you shall have nothing other than his song,
    O maternal land of mine; fate for us
      Prescribed a tearless burial.

ALESSANDRO MANZONI
1785-1873 (n. e m. a Milano)

La morte di Ermengarda, (Adelchi, III, 1-6, 89-108)
(Coro di monache nel convento dove E., la ripudiata moglie di Carlomagno,
si rifugiò e morì.)

Sparsa le trecce morbide
   Sull'affannoso petto,
   Lenta le palme, e rorida
   Di morte il bianco aspetto,
   Giace la pia, col tremolo
   Sguardo cercando il Ciel.

   . . . .

   Nel suol che dee la tenera
   Tua spoglia ricoprir,

Altre infelici dormono,
   Che il duol consunse, orbate
   Spose dal brando, e vergini
   Indarno fidanzate;
   Madri che i nati videro
   Trafitti impallidir.

Te dalla rea progenie
   Degli oppressor discesa,
   Cui fu prodezza il numero,
   Cui fu ragion l'offesa,
   E dritto il sangue, e gloria
   Il non aver pietà,

Te collocò la provida
   Sventura intra gli oppressi:
   Muori compianta e placida;
   Scendi a dormir con essi:
   Alle incolpate ceneri
   Nessuno insulterà.

ALESSANDRO MANZONI

1785-1873 (b. and d. in Milan)

The Death of Ermengarda, (Adelchi, III, 1-6, 89-108)

(Chorus of nuns in the convent where E., the repudiated wife of Charlemagne, took refuge and died.)

With her soft tresses spread
  Over her panting breast,
  With her hands limp, and dewy
  With death her white complexion,
  The pious one lies, seeking Heaven
  With her tremulous gaze.

  . . . .
  In the soil that is to cover
  Your tender remains,

Other unhappy ones sleep,
  Whom grief consumed,
  Wives made widows by the sword,
  And virgins betrothed in vain;
  Mothers who saw their
  Stabbed sons turn pale.

You, decended from the guilty
  Progeny of the oppressors,
  For whom number was prowess,
  For whom offense was reason,
  And blood a right,
  And ruthlessness a glory,

You provident misfortune placed
  Among the oppressed:
  You die placid and mourned;
  You descend to sleep among them:
  The guiltless ashes
  No one will insult.

GIACOMO LEOPARDI
1798-1837 (n. a Recanati, m. a Napoli)

L'infinito

Sempre caro mi fu quest'ermo colle,
    E questa siepe, che da tanta parte
    Dell'ultimo orizzonte il guardo esclude.
    Ma sedendo e mirando, interminati
    Spazi di là da quella, e sovrumani
    Silenzi, e profondissima quiete
    Io nel pensier mi fingo; ove per poco
    Il cor non si spaura. E come il vento
    Odo stormir tra queste piante, io quello
    Infinito silenzio a questa voce
    Vo comparando: e mi sovvien l'eterno,
    E le morte stagioni, e la presente
    E viva, e il suon di lei. Così tra questa
    Immensità s'annega il pensier mio:
    E il naufragar m'è dolce in questo mare.

Alla luna

O graziosa luna, io mi rammento
    Che, or volge l'anno, sovra questo colle
    Io venia pien d'angoscia a rimirarti:
    E tu pendevi allor su quella selva
    Siccome or fai, che tutta la rischiari.
    Ma nebuloso e tremulo dal pianto
    Che mi sorgea sul ciglio, alle mie luci
    Il tuo volto apparia, che travagliosa
    Era mia vita: ed è, nè cangia stile,
    O mia diletta luna. E pur mi giova
    La ricordanza, e il noverar l'etate
    Del mio dolore. Oh come grato occorre
    Nel tempo giovanil, quando ancor lungo
    La speme e breve ha la memoria il corso,
    Il rimembrar delle passate cose,
    Ancor che triste, e che l'affanno duri!

GIACOMO LEOPARDI
1798-1837 (b. in Recanati, d. in Naples)

The Infinite

Ever dear to me was this lonely hill,
    And this hedge, that excludes so much
    Of the farthest horizon from my sight.
    But sitting and gazing, boundless
    Spaces beyond it, and superhuman
    Silences, and deepest quiet
    My fancy feigns; where almost
    Awed is the heart. And as the wind
    I hear sighing through these plants,
    That infinite silence to this voice
    I go comparing: and I remember eternity,
    And the dead seasons, and the present
    And live one, and its sound. So in this
    Immensity my thought is drowned:
    And sweet to me is shipwreck in this sea.

To the Moon

O graceful moon, I remember,
    Now turns a year, upon this hill
    I would come full of anguish to gaze at you:
    And you hung over that wood
    As now you do, lighting it all.
    But hazy and tremulous for the tears
    Welling at my lashes, to my eyes
    Your visage seemed, for toilsome
    Was my life: and is, nor changes style,
    O my beloved moon. And yet it helps me
    To remember, and to count the age
    Of my pain. Oh how welcome
    In the time of youth, when yet memory a short
    And hope a long course holds,
    Is the remembrance of things past,
    Even though sad, and though the travail last!

A Silvia

Silvia, rimembri ancora
    Quel tempo della tua vita mortale,
    Quando beltà splendea
    Negli occhi tuoi ridenti e fuggitivi,
    E tu, lieta e pensosa, il limitare
    Di gioventù salivi?

Sonavan le quiete
    Stanze, e le vie d'intorno,
    Al tuo perpetuo canto,
    Allor che all'opre femminili intenta
    Sedevi, assai contenta
    Di quel vago avvenir che in mente avevi.
    Era il maggio odoroso: e tu solevi
    Così menare il giorno.

Io gli studi leggiadri
    Talor lasciando e le sudate carte,
    Ove il tempo mio primo
    E di me si spendea la miglior parte,
    D'in su i veroni del paterno ostello
    Porgea gli orecchi al suon della tua voce,
    Ed alla man veloce
    Che percorrea la faticosa tela.
    Mirava il ciel sereno,
    Le vie dorate e gli orti,
    E quinci il mar da lungi, e quindi il monte.
    Lingua mortal non dice
    Quel ch'io sentiva in seno.

Che pensieri soavi,
    Che speranze, che cori, o Silvia mia!
    Quale allor ci apparia
    La vita umana e il fato!
    Quando sovviemmi di cotanta speme,
    Un affetto mi preme
    Acerbo e sconsolato,
    E tornami a doler di mia sventura.
    O natura, o natura,
    Perchè non rendi poi
    Quel che prometti allor? perchè di tanto
    Inganni i figli tuoi?

To Silvia

Silvia, do you still remember
    That time of your mortal life,
    When beauty shone
    In your laughing, fleeting eyes,
    And you, happy and pensive, ascended
    To the threshold of your youth?

Rang the quiet
    Rooms, and the streets around,
    With your perpetual song,
    While on girlish work intent
    You sat, well content
    With that bright future which you had in mind.
    It was the fragrant May: and so
    You used to lead the day.

My pleasant studies
    Leaving sometimes and my belabored papers,
    On which my early age
    And the best part of me were spent,
    From the balconies of my paternal home
    To the sound of your voice I'd lend my ears,
    And to the quick hand racing
    Over the tiring loom.
    I viewed the serene sky,
    The golden lanes and the orchards,
    And hence the sea from afar, and thence the mountain.
    Mortal tongue does not say
    What in my breast I felt.

What tender thoughts,
    What hopes, what hearts, o Silvia mine!
    How human life and fate
    Seemed to us then!
    When I remember so much hope,
    An affection besets me
    Bitter and forlorn,
    And for my plight again I turn to mourn.
    O nature, o nature,
    Why do you not then deliver
    What you promise? why do you deceive
    Your children of so much?

Tu pria che l'erbe inaridisse il verno,
  Da chiuso morbo combattuta e vinta,
  Perivi, o tenerella. E non vedevi
  Il fior degli anni tuoi;
  Non ti molceva il core
  La dolce lode or delle negre chiome,
  Or degli sguardi innamorati e schivi;
  Nè teco le compagne ai dì festivi
  Ragionavan d'amore.

Anche peria fra poco
  La speranza mia dolce: agli anni miei
  Anche negaro i fati
  La giovinezza. Ahi come,
  Come passata sei,
  Cara compagna dell'età mia nova,
  Mia lacrimata speme!
  Questo è quel mondo? questi
  I diletti, l'amor, l'opre, gli eventi
  Onde cotanto ragionammo insieme?
  Questa la sorte dell'umane genti?
  All'apparir del vero
  Tu, misera, cadesti: e con la mano
  La fredda morte ed una tomba ignuda
  Mostravi di lontano.

You, before winter had withered the grass,
    By a hidden sickness struck and overcome,
    Perished, o my little tender one. Nor would you see
    The flowering of your years;
    Praise now of your black hair,
    Now of your fond and shy glances
    Would not blandish your heart;
    Nor would your friends on feast days
    Talk to you of love.

Also perished soon
    My sweet hope: to my years
    The fates denied even
    Youth. Ah how,
    How you have passed,
    Dear companion of my early age,
    My lamented hope!
    Is this that world? these
    The delights, the love, the deeds, the events
    We talked of together for so long?
    This the lot of mankind?
    At the appearing of truth
    You, wretched, fell: and with your hand
    Cold death and a bare tomb
    You showed from far away.

Le ricordanze

Vaghe stelle dell'Orsa, io non credea
  Tornare ancor per uso a contemplarvi
  Sul paterno giardino scintillanti,
  E ragionar con voi dalle finestre
  Di questo albergo ove abitai fanciullo,
  E delle gioie mie vidi la fine.
  Quante immagini un tempo, e quante fole
  Creommi nel pensier l'aspetto vostro
  E delle luci a voi compagne! allora
  Che, tacito, seduto in verde zolla,
  Delle sere io solea passar gran parte
  Mirando il cielo, ed ascoltando il canto
  Della rana rimota alla campagna!
  E la lucciola errava appo le siepi
  E in su l'aiuole, susurrando al vento
  I viali odorati, ed i cipressi
  Là nella selva; e sotto al patrio tetto
  Sonavan voci alterne, e le tranquille
  Opre de' servi. E che pensieri immensi,
  Che dolci sogni mi spirò la vista
  Di quel lontano mar, quei monti azzurri,
  Che di qua scopro, e che varcare un giorno
  Io mi pensava, arcani mondi, arcana
  Felicità fingendo al viver mio!
  Ignaro del mio fato, e quante volte
  Questa mia vita dolorosa e nuda
  Volentier con la morte avrei cangiato.

Nè mi diceva il cor che l'età verde
  Sarei dannato a consumare in questo
  Natio borgo selvaggio, intra una gente
  Zotica, vil; cui nomi strani, e spesso
  Argomento di riso e di trastullo,
  Son dottrina e saper; che m'odia e fugge,
  Per invidia non già, che non mi tiene
  Maggior di sè, ma perchè tale estima
  Ch'io mi tenga in cor mio, sebben di fuori
  A persona giammai non ne fo segno.
  Qui passo gli anni, abbandonato, occulto,
  Senz'amor, senza vita; ed aspro a forza
  Tra lo stuol de' malevoli divengo:
  Qui di pietà mi spoglio e di virtudi,

The Recollections

Lovely stars of the Bear, I did not think
   I would return again to contemplate you
   Sparkling on the garden of my home,
   And talk with you from the windows
   Of this abode where as a child I dwelt,
   And of my joys saw the end.
   How many images once, and how many fancies
   The sight of you and your companion lights
   Created in my thoughts! when,
   Silent, sitting on the lawn,
   Much of the evenings I would pass
   Watching the sky, and listening to the song
   Of the frog remote out in the country!
   And the firefly wandered by hedges
   And on flower beds, while the odorous walks
   Murmured in the wind, and the cypresses
   There in the wood, and under my father's roof
   Alternate voices sounded, and the servants'
   Tranquil tasks. And what immense thoughts,
   What sweet dreams inspired me the sight
   Of that far sea, those azure mountains,
   Which from here I descry, and which I thought
   Of crossing someday, arcane worlds, arcane
   Happiness beyond them fancying for my life!
   Unaware of my fate, and how many times
   This painful and bare life of mine
   Willingly with death I would have changed.

Nor did my heart tell me my green age
   I would be damned to waste in this
   My rude hometown, among a coarse, base
   People; for whom strange words, and often
   Occasion for laughter and derision,
   Are learning and knowledge; who hate me and shun me,
   Oh, not for envy, for they hold me
   No greater than themselves, but because such they deem
   That I hold myself in my heart, though to no one
   Do I ever point it out.
   Here I pass the years, abandoned, ignored,
   Without love, without life, and perforce bitter
   Among the throng of the spiteful I become:
   Here pity and virtue I doff,

E sprezzator degli uomini mi rendo,
Per la greggia ch'ho appresso: e intanto vola
Il caro tempo giovanil; più caro
Che la fama e l'allor, più che la pura
Luce del giorno, e lo spirar: ti perdo
Senza un diletto, inutilmente, in questo
Soggiorno disumano, intra gli affanni,
O dell'arida vita unico fiore.

Viene il vento recando il suon dell'ora
    Dalla torre del borgo. Era conforto
    Questo suon, mi rimembra, alle mie notti,
    Quando fanciullo, nella buia stanza,
    Per assidui terrori io vigilava,
    Sospirando il mattin. Qui non è cosa
    Ch'io vegga o senta, onde un'immagin dentro
    Non torni, e un dolce rimembrar non sorga.
    Dolce per sè; ma con dolor sottentra
    Il pensier del presente, un van desio
    Del passato, ancor tristo, e il dire: io fui.
    Quella loggia colà, volta agli estremi
    Raggi del dì; queste dipinte mura,
    Quei figurati armenti, e il Sol che nasce
    Su romita campagna, agli ozi miei
    Porser mille diletti allor che al fianco
    M'era, parlando, il mio possente errore
    Sempre, ov'io fossi. In queste sale antiche,
    Al chiaror delle nevi, intorno a queste
    Ampie finestre sibilando il vento,
    Rimbombaro i sollazzi e le festose
    Mie voci al tempo che l'acerbo, indegno
    Mistero delle cose a noi si mostra
    Pien di dolcezza; indelibata, intera
    Il garzoncel, come inesperto amante,
    La sua vita ingannevole vagheggia,
    E celeste beltà fingendo ammira.

O speranze, speranze; ameni inganni
    Della mia prima età! sempre, parlando,
    Ritorno a voi; che per andar di tempo,
    Per variar d'affetti e di pensieri,
    Obbliarvi non so. Fantasmi, intendo,
    Son la gloria e l'onor; diletti e beni
    Mero desio; non ha la vita un frutto,
    Inutile miseria. E sebben voti

And of men grow contemptuous,
For the herd that's around me: and meanwhile flies
The dear time of youth; dearer
Than fame and laurel, or the pure
Light of day, and breath of air: I lose you
Without one delight, uselessly, in this
Inhuman sojourn, among travails,
O of arid life sole flower.

Comes the wind carrying the sound of the hour
From the town's tower. This sound, I remember,
Was a comfort to my nights,
When as a child, in the dark room,
Through unremitting terrors I lay awake,
Sighing for morning. Here there is nothing
That I see or hear, from which an image within
Does not return, or a sweet memory spring forth.
Sweet in itself; but with pain the thought
Of the present takes hold, and a vain longing
For the past, even though sad, and saying: I was.
That loggia there, facing the last
Rays of the day; these frescoed walls,
Those pictured herds, and the Sun rising
On the solitary fields, to my idle hours
Lent a thousand delights when by my side,
Talking to me, was my potent illusion
Always, wherever I might be. In these ancient halls,
In the snow's gleam, while the wind
Whistled around these ample windows,
Echoed my games and playful voice
At the time when the bitter, unworthy
Mystery of things to us appears
Full of sweetness; the boy, like a callow lover,
Fondly gazes at his untasted, intact,
Beguiling life, and imagining
Celestial beauty, marvels at it.

O hopes, hopes, pleasant illusions
Of my early age! ever, speaking,
I return to you; for though time passes,
Though affections and thoughts vary,
I can't forget you. Phantoms, I know,
Are glory and honor; delights and wealth
Mere whims; life has no fruit,
Useless misery. And though empty

Son gli anni miei, sebben deserto, oscuro
Il mio stato mortal, poco mi toglie
La fortuna, ben veggo. Ahi, ma qualvolta
A voi ripenso, o mie speranze antiche,
Ed a quel caro immaginar mio primo;
Indi riguardo il viver mio sì vile
E sì dolente, e che la morte è quello
Che di cotanta speme oggi m'avanza;
Sento serrarmi il cor, sento ch'al tutto
Consolarmi non so del mio destino.
E quando pur questa invocata morte
Sarammi allato, e sarà giunto il fine
Della sventura mia; quando la terra
Mi fia straniera valle, e dal mio sguardo
Fuggirà l'avvenir; di voi per certo
Risovverrammi; e quell'imago ancora
Sospirar mi farà, farammi acerbo
L'esser vissuto indarno, e la dolcezza
Del dì fatal tempererà d'affanno.

E già nel primo giovanil tumulto
    Di contenti, d'angosce e di desio,
    Morte chiamai più volte, e lungamente
    Mi sedetti colà su la fontana
    Pensoso di cessar dentro quell'acque
    La speme e il dolor mio. Poscia, per cieco
    Malor, condotto della vita in forse,
    Piansi la bella giovanezza, e il fiore
    De' miei poveri dì, che sì per tempo
    Cadeva: e spesso all'ore tarde, assiso
    Sul conscio letto, dolorosamente
    Alla fioca lucerna poetando,
    Lamentai co' silenzi e con la notte
    Il fuggitivo spirto, ed a me stesso
    In sul languir cantai funereo canto.

Chi rimembrar vi può senza sospiri,
    O primo entrar di giovinezza, o giorni
    Vezzosi, inenarrabili, allor quando
    Al rapito mortal primieramente
    Sorridon le donzelle; a gara intorno
    Ogni cosa sorride; invidia tace,
    Non desta ancor ovver benigna; e quasi
    (Inusitata maraviglia!) il mondo
    La destra soccorrevole gli porge,

Are my years, though deserted, obscure
My mortal state, fortune takes
But little away from me, well I see. Ah, but whenever
I think of you again, o my hopes of long ago,
And of those first dear imaginings of mine;
Then I review my living so vile
And painful, and see that death is what today
Is left to me of so much hope;
I feel a wrenching of my heart, I feel I know not
Quite how to console myself of my fate.
And when at last this invoked death
Will be at my side, and reached will be the end
Of my sad plight; when the earth
Will become for me an alien valley, and from my eyes
The future will flee; you for sure
I'll remember; and that image again
Will make me sigh, will make me bitter
To have lived in vain, and the sweetness
Of the fatal day will be tempered by grief.

And already in youth's first tumult
Of contentments, anguishes and desire,
Death I called many times, and long
I sat there by the fountain
Thinking to end under those waters
My hope and sorrow. Then led
By a dark affliction to the brink of life,
I bewailed beautiful youth, and the flower
Of my poor days, which so soon
Fell: and often in late hours, seated
On the knowing bed, dolorously
Poetizing by the dim lamp,
I lamented with the silences and with the night
The fugitive spirit, and to myself
In languishing I sang a funereal dirge.

Who can remember you without a sigh,
O first entering of youth, o graceful,
Unrecountable days, when
To the enraptured mortal
Girls first smile; everything around
Vies to smile; envy is silent,
Unawakened yet or else benign; and almost
(Unusual marvel!) the world
Lends him a helping hand,

Scusa gli errori suoi, festeggia il novo
Suo venir nella vita, ed inchinando
Mostra che per signor l'accolga e chiami?
Fugaci giorni! a somigliar d'un lampo
Son dileguati. E qual mortale ignaro
Di sventura esser può, se a lui già scorsa
Quella vaga stagion, se il suo buon tempo,
Se giovanezza, ahi giovanezza, è spenta?

O Nerina! e di te forse non odo
Questi luoghi parlar? caduta forse
Dal mio pensier sei tu? Dove sei gita,
Che qui sola di te la ricordanza
Trovo, dolcezza mia? Più non ti vede
Questa Terra natal: quella finestra,
Ond'eri usata favellarmi, ed onde
Mesto riluce delle stelle il raggio,
È deserta. Ove sei, che più non odo
La tua voce sonar, siccome un giorno,
Quando soleva ogni lontano accento
Del labbro tuo, ch'a me giungesse, il volto
Scolorarmi? Altro tempo. I giorni tuoi
Furo, mio dolce amor. Passasti. Ad altri
Il passar per la terra oggi è sortito,
E l'abitar questi odorati colli.
Ma rapida passasti; e come un sogno
Fu la tua vita. Ivi danzando; in fronte
La gioia ti splendea, splendea negli occhi
Quel confidente immaginar, quel lume
Di gioventù, quando spegneali il fato,
E giacevi. Ahi Nerina! In cor mi regna
L'antico amor. Se a feste anco talvolta,
Se a radunanze io movo, infra me stesso
Dico: o Nerina, a radunanze, a feste
Tu non ti acconci più, tu più non movi.
Se torna maggio, e ramoscelli e suoni
Van gli amanti recando alle fanciulle,
Dico: Nerina mia, per te non torna
Primavera giammai, non torna amore.

Ogni giorno sereno, ogni fiorita
Piaggia ch'io miro, ogni goder ch'io sento,
Dico: Nerina or più non gode; i campi,
L'aria non mira. Ahi tu passasti, eterno

Pardons his errors, hails his new
Advent into life, and bowing
Seems to welcome him and treat him as a master?
Fleeting days! even as lightning
They have vanished. And what mortal can be
Unaware of misfortune, if that fair
Season is over, if his good time,
If youth, ay youth, is spent?

O Nerina! and of you perhaps do I not hear
These places speak? fallen perhaps
Are you from my thoughts? Where have you gone,
That here of you I find only the remembrance,
My sweet one? This native Earth
Sees you no more: that window,
From which you used to talk to me, and which
Reflects the wan rays of the stars,
Is deserted. Where are you, that no longer I hear
Your voice's sound, as one day,
When every distant accent
Of your lips, that might reach me, used to pale
My face? Other times. Your days
Were, my sweet love. You passed. To others
The passing through the earth today is allotted,
And the inhabiting of these odorous hills.
But rapidly you passed, and like a dream
Was your life. Dancing you went; joy shone
Before you, that confident imagining,
That light of youth shone in your eyes,
When fate quenched them, and you lay still.
Ah Nerina! In my heart reigns
The love of long ago. If still to feasts sometimes,
If to parties I go, within me
I say: o Nerina, for parties, for feasts
You dress yourself no more, no more you go.
If May returns, and sprays and music
Lovers go bringing to the girls,
I say: my Nerina, for you
Spring never returns, nor returns love.

Each serene day, each flowery
Slope I see, each pleasure that I feel,
I say: Nerina now no more rejoices; the fields,
The air she does not see. Ah you passed, my

Sospiro mio: passasti: e fia compagna
D'ogni mio vago immaginar, di tutti
I miei teneri sensi, i tristi e cari
Moti del cor, la rimembranza acerba.

Eternal sigh: you passed, and the companion
Of every fair imagining of mine, of all
My tender senses, of the sad and dear
Stirrings of the heart, will be the bitter recollection.

Canto notturno di un pastore errante dell'Asia

Che fai tu, luna, in ciel? dimmi, che fai,
    Silenziosa luna?
    Sorgi la sera, e vai,
    Contemplando i deserti; indi ti posi.
    Ancor non sei tu paga
    Di riandare i sempiterni calli?
    Ancor non prendi a schivo, ancor sei vaga
    Di mirar queste valli?
    Somiglia alla tua vita
    La vita del pastore.
    Sorge in sul primo albore,
    Move la greggia oltre pel campo, e vede
    Greggi, fontane ed erbe;
    Poi stanco si riposa in su la sera:
    Altro mai non ispera.
    Dimmi, o luna: a che vale
    Al pastor la sua vita,
    La vostra vita a voi? dimmi: ove tende
    Questo vagar mio breve,
    Il tuo corso immortale?

Vecchierel bianco, infermo,
    Mezzo vestito e scalzo,
    Con gravissimo fascio in su le spalle,
    Per montagna e per valle,
    Per sassi acuti, ed alta rena, e fratte,
    Al vento, alla tempesta, e quando avvampa
    L'ora, e quando poi gela,
    Corre via, corre, anela,
    Varca torrenti e stagni,
    Cade, risorge, e più e più s'affretta,
    Senza posa o ristoro,
    Lacero, sanguinoso; infin ch'arriva
    Colà dove la via
    E dove il tanto affaticar fu volto:
    Abisso orrido, immenso,
    Ov'ei precipitando, il tutto oblia.
    Vergine luna, tale
    È la vita mortale.

Nasce l'uomo a fatica,
    Ed è rischio di morte il nascimento.
    Prova pena e tormento

Nocturnal Song of a Wandering Shepherd of Asia

What are you doing, moon, in the sky?
   Tell me, what are you doing, silent moon?
   You rise in the evening, and you go,
   Contemplating the deserts; then you set.
   Are you not weary yet
   Of going over the everlasting paths?
   Don't you yet want to shun, are you still fond
   Of looking on these valleys?
   Like your life
   Is the shepherd's life.
   He rises at first dawn,
   Moves the flocks over the fields, and sees
   Flocks, springs and grass;
   Then tired he rests at evening:
   He hopes for nothing else.
   Tell me, o moon: of what use
   To the shepherd his life,
   Your life to you? tell me: where does it lead,
   This brief wandering of mine,
   Where your immortal course?

Little old man, white-haired, unsteady,
   Half-dressed and barefoot,
   With the heaviest bundle on his shoulders,
   Over mountain and valley,
   Sharp rocks, and deep sand, and brush,
   In the wind, in the storm, and in the blazing
   Noon, and then when it freezes,
   Runs on, runs, pants,
   Crosses torrents and swamps,
   Falls, rises again, and hurries more and more,
   Without pause or rest,
   Torn, bloody; until he arrives
   There where the way
   And so much labor was directed:
   A horrid abyss, immense,
   Where he, plunging, everything forgets.
   Virgin moon, such
   Is mortal life.

Laborious is man's birth,
   And fraught with risk of death.
   Pain and torment are the first things

Per prima cosa; e in sul principio stesso
La madre e il genitore
Il prende a consolar dell'esser nato.
Poi che crescendo viene,
L'uno e l'altro il sostiene, e via pur sempre
Con atti e con parole
Studiasi fargli core,
E consolarlo dell'umano stato:
Altro ufficio più grato
Non si fa da parenti alla lor prole.
Ma perchè dare al sole,
Perchè reggere in vita
Chi poi di quella consolar convenga?
Se la vita è sventura
Perchè da noi si dura?
Intatta luna, tale
È lo stato mortale.
Ma tu mortal non sei,
E forse del mio dir poco ti cale.

Pur tu, solinga, eterna peregrina,
Che sì pensosa sei, tu forse intendi,
Questo viver terreno,
Il patir nostro, il sospirar, che sia;
Che sia questo morir, questo supremo
Scolorar del sembiante,
E perir dalla terra, e venir meno
Ad ogni usata, amante compagnia.
E tu certo comprendi
Il perchè delle cose, e vedi il frutto
Del mattin, della sera,
Del tacito, infinito andar del tempo.
Tu sai, tu certo, a qual suo dolce amore
Rida la primavera,
A chi giovi l'ardore, e che procacci
Il verno co' suoi ghiacci.
Mille cose sai tu, mille discopri,
Che son celate al semplice pastore.
Spesso quand'io ti miro
Star così muta in sul deserto piano,
Che, in suo giro lontano, al ciel confina;
Ovver con la mia greggia
Seguirmi viaggiando a mano a mano;

He experiences; and from the very start
Mother and father
Take to consoling him for being born.
Then, as he grows,
They both sustain him, and ever
With actions and with words
They strive to give him heart,
And to console him for the human state:
No more welcome deed
Is done by parents for their children.
But why give to the sun,
Why keep alive
One who then of that will have to be consoled?
If life is misfortune
Why do we endure it?
Intact moon, such
Is the mortal state.
But mortal you are not,
And perhaps what I say little you care.

Yet you, lonely, eternal pilgrim,
You who are so pensive, you perhaps understand
What is this earthly living,
Our suffering, our sighing;
What is this dying, this last
Blanching of one's face,
And perishing from earth, and forsaking
Every loving company we are used to.
And you surely understand
The why of things, and see the fruit
Of morning, of evening,
Of the infinite, tacit going of time.
You know, for sure, at what sweet love of hers
Spring smiles,
Who benefits from the scorching heat, and what proffers
The winter with its ice.
A thousand things you know, a thousand you discover
That to the simple shepherd are concealed.
Often when I watch you
Staying so mute over the desert plain,
Which, in its distant sweep, meets with the sky;
Or yet following me step by step
As I journey with my flock;

E quando miro in cielo arder le stelle,
Dico fra me pensando:
A che tante facelle?
Che fa l'aria infinita, e quel profondo
Infinito seren? che vuol dir questa
Solitudine immensa? ed io che sono?
Così meco ragiono: e della stanza
Smisurata e superba,
E dell'innumerabile famiglia;
Poi di tanto adoprar, di tanti moti
D'ogni celeste, ogni terrena cosa,
Girando senza posa,
Per tornar sempre là donde son mosse,
Uso alcuno, alcun frutto
Indovinar non so. Ma tu per certo,
Giovinetta immortal, conosci il tutto.
Questo io conosco e sento,
Che degli eterni giri,
Che dell'esser mio frale,
Qualche bene o contento
Avrà fors'altri; a me la vita è male.

O greggia mia che posi, oh te beata,
Che la miseria tua, credo, non sai!
Quanta invidia ti porto!
Non sol perchè d'affanno
Quasi libera vai;
Ch'ogni stento, ogni danno,
Ogni estremo timor subito scordi;
Ma più perchè giammai tedio non provi.
Quando tu siedi all'ombra, sovra l'erbe,
Tu se' queta e contenta,
E gran parte dell'anno
Senza noia consumi in quello stato.
Ed io pur seggo sovra l'erbe, all'ombra,
E un fastidio m'ingombra
La mente, ed uno spron quasi mi punge
Sì che, sedendo, più che mai son lunge
Da trovar pace o loco.
E pur nulla non bramo,
E non ho fino a qui cagion di pianto.
Quel che tu goda o quanto,
Non so già dir; ma fortunata sei.
Ed io godo ancor poco,

And when I watch the stars blaze in the sky,
I say to myself thinking:
Why so many lights?
What is this infinite air doing, and that deep
Infinite serene? what does this
Immense solitude mean? and what am I?
So with myself I speak: and of the vault
Measureless and superb,
And of the innumerable family;
Then of so much striving, of so many motions
Of each celestial and each earthly thing,
Pauselessly turning,
Ever to return to where they started from,
Any purpose, any fruit
I cannot guess. But you for sure,
Immortal maid, know it all.
This I know and feel,
That from the eternal rounds,
From my frail being,
Some good or contentment
Others may draw; to me life is evil.
O resting flock of mine, oh blissful one,
Whose misery, I think, you do not know!
I bear you so much envy!
Not only because you go
So nearly free of distress,
That every hardship, every hurt,
Every extreme fear you immediately forget;
But more because to you tedium is unknown.
When you lie in the shade, on the grass,
You are quiet and content,
And a large part of the year
Without boredom you spend in that state.
And I too, sit on the grass, in the shade,
And an annoyance besets
My mind and a spur almost pricks me
So that, sitting, I am farther than ever
From finding peace or rest.
And yet I long for nothing,
And so far I have no cause for tears.
What you enjoy or how much,
I cannot tell; but fortunate you are.
And there is little that I still enjoy,

119

O greggia mia, nè di ciò sol mi lagno.
Se tu parlar sapessi, io chiederei:
Dimmi: perchè giacendo
A bell'agio, ozioso,
S'appaga ogni animale;
Me, s'io giaccio in riposo, il tedio assale?

Forse s'avess'io l'ale
Di volar su le nubi,
E noverar le stelle ad una ad una,
O come il tuono errar di giogo in giogo,
Più felice sarei, dolce mia greggia,
Più felice sarei, candida luna.
O forse erra dal vero,
Mirando all'altrui sorte, il mio pensiero:
Forse in qual forma, in quale
Stato che sia, dentro covile o cuna,
È funesto a chi nasce il dì natale.

O my flock, and not only of that I complain.
If you knew how to speak, I'd ask:
Tell me: why lying
Idly, at his fair ease,
Each animal is content;
Me, if I lie at rest, tedium assails?
Perhaps had I the wings
To fly over the clouds,
And one by one single out the stars,
Or like thunder roam from range to range,
Happier I would be, sweet flock of mine,
Happier I would be, white-brilliant moon.
Or perhaps my thought,
Looking at the lot of others, strays from truth:
Perhaps in whatever form, in whatever
State it be, in den or cradle,
Woeful to who is born is the day of birth.

Amore e Morte

Muor giovane colui ch'al cielo è caro.

MENANDRO

Fratelli, a un tempo stesso, Amore e Morte
  Ingenerò la sorte.
  Cose quaggiù sì belle
  Altre il mondo non ha, non han le stelle.
  Nasce dall'uno il bene,
  Nasce il piacer maggiore
  Che per lo mar dell'essere si trova;
  L'altra ogni gran dolore,
  Ogni gran male annulla.
  Bellissima fanciulla,
  Dolce a veder, non quale
  La si dipinge la codarda gente,
  Gode il fanciullo Amore
  Accompagnar sovente;
  E sorvolano insiem la via mortale,
  Primi conforti d'ogni saggio core.
  Nè cor fu mai più saggio
  Che percosso d'amor, nè mai più forte
  Sprezzò l'infausta vita,
  Nè per altro signore
  Come per questo a perigliar fu pronto:
  Ch'ove tu porgi aita,
  Amor, nasce il coraggio,
  O si ridesta, e sapiente in opre,
  Non in pensiero invan, siccome suole,
  Divien l'umana prole.
Quando novellamente
  Nasce nel cor profondo
  Un amoroso affetto,
  Languido e stanco insiem con esso in petto
  Un desiderio di morir si sente:
  Come, non so: ma tale
  D'amor vero e possente è il primo effetto.
  Forse gli occhi spaura
  Allor questo deserto: a sè la terra
  Forse il mortale inabitabil fatta
  Vede omai senza quella
  Nova, sola, infinita
  Felicità che il suo pensier figura:
  Ma per cagion di lei grave procella
  Presentendo in suo cor, brama quiete,

Love and Death

Who is dear to heaven dies young.

MENANDER

Brothers were Love and Death,
    At once, by fate conceived.
    Other things as fair down here
    The world has not, nor have the stars.
    Of one is goodness born,
    Born is the highest delight
    That in the sea of being is to be found;
    The other every great pain,
    Every great evil ends.
    Fairest maiden,
    Sweet to see, not such
    As cowardly people picture her,
    Often enjoys
    Accompanying young Love;
    And over the mortal way they fly together,
    First comforts of wise hearts.
    Nor heart was ever wiser
    Than when struck by love, nor ever more strongly
    Did it scorn ill-fated life,
    Nor was it so ready to face peril
    For any other master as for this one:
    So that where you bring aid,
    Love, courage is born,
    Or it reawakes, and wise in deeds,
    Not merely in idle thought as it is apt to,
    Becomes the human progeny.
When newly
    A loving passion
    Deep in the heart is born,
    Languid and weary together with it in the breast
    You feel a wish to die:
    How, I know not: but such is the first effect
    Of true and powerful love.
    Perhaps this desert then
    Frightens the eyes: perhaps man sees
    The earth now made
    Uninhabitable for him
    Without that new, sole, infinite
    Felicity which in his mind he pictures:
    But because of it foreseeing in his heart
    A grievous storm, he longs for quiet,

Brama raccorsi in porto
Dinanzi al fier disio,
Che già, rugghiando, intorno intorno oscura.
Poi, quando tutto avvolge
La formidabil possa,
E fulmina nel cor l'invitta cura,
Quante volte implorata
Con desiderio intenso,
Morte, sei tu dall'affannoso amante!
Quante la sera, e quante,
Abbandonando all'alba il corpo stanco,
Sè beato chiamò s'indi giammai
Non rilevasse il fianco,
Nè tornasse a veder l'amara luce!
E spesso al suon della funebre squilla,
Al canto che conduce
La gente morta al sempiterno obblio,
Con più sospiri ardenti
Dall'imo petto invidiò colui
Che tra gli spenti ad abitar sen giva.
Fin la negletta plebe,
L'uom della villa, ignaro
D'ogni virtù che da saper deriva,
Fin la donzella timidetta e schiva,
Che già di morte al nome
Sentì rizzar le chiome,
Osa alla tomba, alle funeree bende
Fermar lo sguardo di costanza pieno,
Osa ferro e veleno
Meditar lungamente,
E nell'indotta mente
La gentilezza del morir comprende.
Tanto alla morte inclina
D'amor la disciplina. Anco sovente,
A tal venuto il gran travaglio interno
Che sostener nol può forza mortale,
O cede il corpo frale
Ai terribili moti, e in questa forma
Pel fraterno poter Morte prevale;
O così sprona Amor là nel profondo,
Che da sè stessi il villanello ignaro,
La tenera donzella
Con la man violenta
Pongon le membra giovanili in terra.
Ride ai lor casi il mondo,
A cui pace e vecchiezza il ciel consenta.

Longs to find refuge in a haven
Before the fierce desire, which, roaring,
Already darkens all around him.
Then, when the formidable power
  Everything enfolds,
And flashes in the heart the unvanquished care,
How many times implored
With intense longing,
Death, are you by the distraught lover!
How many times at evening, and how many,
Yielding his tired body to the dawn,
Blessed he called himself if he should never
Lift his frame,
Nor rise to see the bitter light again!
And often at the sound of the funeral toll,
At the chant that leads
The dead to oblivion everlasting,
With many ardent sighs
From deep within the breast he envied him
Who went to inhabit the world of the departed.
Even poor folk, neglected,
The peasant, unversed in any virtue
That from knowledge is derived,
Even the timid and shy girl,
Who at death's mere name
Felt her hair stand on end,
Dares on the tomb, on the pall
To fix her steadfast gaze,
Dares steel and poison
To meditate a long time,
And in her unlearned mind
The gentleness of dying she comprehends.
So much toward death
Love's discipline inclines. Often too,
When the great internal travail reaches the point
At which mortal strength no longer can endure it,
Either the frail body yields
To the terrible stresses, and in this form
Death prevails through its brotherly power;
Or Love spurs so deep within,
That on their own the untaught country boy,
The tender girl
With violent hand
Lay their young limbs on the ground.
Laughs at their doings the world,
To whom peace and old age may heaven allow.

Ai fervidi, ai felici,
   Agli animosi ingegni
L'uno o l'altro di voi conceda il fato,
Dolci signori, amici
All'umana famiglia,
Al cui poter nessun poter somiglia
Nell'immenso universo, e non l'avanza,
Se non quella del fato, altra possanza.
E tu, cui già dal cominciar degli anni
Sempre onorata invoco,
Bella Morte, pietosa
Tu sola al mondo dei terreni affanni,
Se celebrata mai
Fosti da me, s'al tuo divino stato
L'onte del volgo ingrato
Ricompensar tentai,
Non tardar più, t'inchina
A disusati preghi,
Chiudi alla luce omai
Questi occhi tristi, o dell'età reina.
Me certo troverai, qual si sia l'ora
Che tu le penne al mio pregar dispieghi,
Erta la fronte, armato,
E renitente al fato,
La man che flagellando si colora
Nel mio sangue innocente
Non ricolmar di lode,
Non benedir, com'usa
Per antica viltà l'umana gente;
Ogni vana speranza onde consola
Sè coi fanciulli il mondo,
Ogni conforto stolto
Gittar da me; null'altro in alcun tempo
Sperar, se non te sola;
Solo aspettar sereno
Quel dì ch'io pieghi addormentato il volto
Nel tuo virgineo seno.

126

To the fervent, to the happy,
    To the brave souls
    May fate assign one or the other of you,
    Sweet lords, friends
    Of the human family,   .
    Whose might in the immense universe
    No power resembles or exceeds,
    Other than the power of fate.
    And you, who ever since my earliest years
    I have always honored and invoked,
    Beautiful Death, you who alone in the world
    Are compassionate of human woes,
    If ever you were worshipped
    By me, if I tried to compensate
    For the insults of the ungrateful mob
    To your divine state,
    Tarry no more, bow
    To my uncommon prayers,
    Close to the light at last
    These sad eyes, o queen of time.
    Me surely you will find, whatever be the hour
    That at my prayer you unfold your wings,
    With unbowed head, armed,
    And uncompliant to fate,
    Not replenishing with praise
    The hand that flailing colors itself
    With my innocent blood,
    Not blessing it, as through ancient baseness
    Is the custom of mankind;
    Every vain hope with which the world
    Consoles itself as children do,
    Every foolish comfort
    Casting away from me; naught else ever
    Hoping for, other than you alone;
    Only serenely awaiting
    That day when I may lay my face to sleep
    On your virginal breast.

La ginestra

o il fiore del deserto, 158-185

Sovente in queste rive,
   Che, desolate, a bruno
   Veste il flutto indurato, e par che ondeggi,
   Seggo la notte; e su la mesta landa
   In purissimo azzurro
   Veggo dall'alto fiammeggiar le stelle,
   Cui di lontan fa specchio
   Il mare, e tutto di scintille in giro
   Per lo voto seren brillare il mondo.
   E poi che gli occhi a quelle luci appunto
   Ch'a lor sembrano un punto,
   E sono immense, in guisa
   Che un punto a petto a lor son terra e mare
   Veracemente; a cui
   L'uomo non pur, ma questo
   Globo ove l'uomo è nulla,
   Sconosciuto è del tutto; e quando miro
   Quegli ancor più senza alcun fin remoti
   Nodi quasi di stelle,
   Ch'a noi paion qual nebbia, a cui non l'uomo
   E non la terra sol, ma tutte in uno,
   Del numero infinite e della mole,
   Con l'aureo sole insiem, le nostre stelle
   O sono ignote, o così paion come
   Essi alla terra, un punto
   Di luce nebulosa; al pensier mio
   Che sembri allor, o prole
   Dell'uomo? . . .

The Broom

or the Flower of the Desert, 158-185

Often on these desolate shores,
   Which the hardened flow
   Drapes darkly, and seems to waver,
   I sit at night; and on the somber wasteland
In purest azure
I behold from up high the stars blazing,
Which the sea mirrors from afar,
And through the serene void
The world all around brilliant with sparks.
And as I fix my eyes upon those lights,
Which to them seem a point,
And are immense, so that
Compared to them earth and sea are verily
But a point; to which not only man, but this
Globe where man is nothing,
Is altogether unknown; and when I look
At those even more endlessly remote
Almost knots of stars,
That to us seem like mist, to which not man
And not the earth alone, but all in one,
Infinite in number and in size,
Together with the golden sun, our stars
Are either unknown, or appear even as
They to earth, a point
Of nebulous light; to my thought
What do you seem then, o progeny
Of man? . . .

GIOSUÈ CARDUCCI
1835-1907, (n. a Val di Castello (Toscana), m. a Bologna)

Il canto dell'amore, 33-48

. . . Ove l'altera
  Mole ingombrava di vasta ombra il suol
  Or ride amore e ride primavera,
  Ciancian le donne ed i fanciulli al sol.

E il sol nel radiante azzurro immenso
  Fin degli Abruzzi al biancheggiar lontano
  Folgora, e con desio d'amor più intenso
  Ride a' monti de l'Umbria e al verde piano.

Nel roseo lume placidi sorgenti
  I monti si rincorrono tra loro,
  Sin che sfumano in dolci ondeggiamenti
  Entro vapori di viola e d'oro.

Forse, Italia, è la tua chioma fragrante
  Nel talamo, tra' due mari, seren,
  Che sotto i baci de l'eterno amante
  Ti freme effusa in lunghe anella al sen?

Pianto antico

L'albero a cui tendevi
  La pargoletta mano,
  Il verde melograno
  Da' bei vermigli fior,

Nel muto orto solingo
  Rinverdì tutto or ora,
  E giugno lo ristora
  Di luce e di calor.

Tu fior della mia pianta
  Percossa e inaridita,
  Tu de l'inutil vita
  Estremo unico fior,

Sei ne la terra fredda,
  Sei ne la terra negra;
  Nè il sol più ti rallegra
  Nè ti risveglia amor.

GIOSUÈ CARDUCCI

1835-1907, (b. in Val di Castello (Tuscany), d. in Bologna)

The Song of Love, 33-48

   . . . Where the haughty
Fort encumbered the ground with its vast shadow
Now love smiles, and spring smiles,
Women and children chatter in the sun.

And the sun in the immense radiant azure
   Up to the Abruzzi's whitening far away
   Flashes, and with desire of intenser love
   Laughs at Umbria's mountains and green plain.

The placid rising mountains
   Chase each other in the rosy light,
   Till they blend in sweet waves
   Amid vapors of violet and of gold.

Perhaps, Italy, these are your fragrant tresses
   On the serene nuptial bed between two seas,
   That under the kisses of the eternal lover,
   Quiver, spread in long ringlets, on your breast?

Ancient Lament

The tree to which you would reach out
   Your tiny little hand,
   The green pomegranate
   With its fine vermillion flowers,

In the lone mute orchard
   Now is all green once more,
   And June restores it
   With its light and warmth.

You, blosssom of my stricken
   And withered plant,
   You of useless life
   Last and only flower,

Are in the cold earth,
   Are in the dark earth;
   Nor does the sun cheer you anymore
   Nor does love reawaken you.

GIOVANNI PASCOLI
1855-1912 (n. a San Mauro di Romagna, m. a Bologna)

Mare

M'affaccio alla finestra e vedo il mare:
    Vanno le stelle, tremolano l'onde.
    Vedo stelle passare, onde passare:
    Un guizzo chiama, un palpito risponde.
Ecco sospira l'acqua, alita il vento:
    Sul mare è apparso un bel ponte d'argento.
Ponte gettato sui laghi sereni,
    Per chi dunque sei fatto e dove meni?

La quercia caduta

Dov'era l'ombra, or sè la quercia spande
    Morta, nè più coi turbini tenzona.
    La gente dice: Or vedo: era pur grande!
Pendono qua e là dalla corona
    I nidietti della primavera.
    Dice la gente: Or vedo: era pur buona!
Ognuno loda, ognuno taglia. A sera
    Ognuno col suo grave fascio va.
    Nell'aria, un pianto...d'una capinera
Che cerca il nido che non troverà.

GIOVANNI PASCOLI

1855-1912 (b. in San Mauro di Romagna, d. in Bologna)

Sea

I lean out the window and see the sea:
    The stars move, the waves tremble.
    I see stars pass, waves pass:
    A flash beckons, a throb responds.
Look! The water sighs, the wind blows gently:
    On the sea has appeared a lovely silver bridge.
Bridge cast on the serene lakes,
    For whom were you then made and where do you lead?

The Fallen Oak

Where it cast its shadow the dead oak now
    Lies outspread, nor does it vie with whirlwinds anymore.
    People say: Now I see: it was really large!
Here and there the little nests of spring
    Droop from its crown.
    People say: Now I see: it was really good!
Everyone praises, everyone cuts. At evening
    Everyone goes home with a heavy bundle.
    In the air, a cry...of a chickadee
That seeks the nest she will not find.

GABRIELE D'ANNUNZIO

1863-1938, (n. a Pescara, m. a Gardone)

La sera fiesolana

Fresche le mie parole ne la sera
    Ti sien come il fruscìo che fan le foglie
    Del gelso ne la man di chi le coglie
    Silenzioso e ancor s'attarda a l'opra lenta
    Su l'alta scala che s'annera
    Contro il fusto che s'inargenta
    Con le sue rame spoglie
    Mentre la Luna è prossima a le soglie
    Cerule e pare che innanzi a sè distenda un velo
    Ove il nostro sogno si giace
    E par che la campagna già si senta
    Da lei sommersa nel notturno gelo
    E da lei beva la sperata pace
    Senza vederla.

Laudata sii pel tuo viso di perla,
    O Sera, e pe' tuoi grandi umidi occhi ove si tace
    L'acqua del cielo!

Dolci le mie parole ne la sera
    Ti sien come la pioggia che bruiva
    Tepida e fuggitiva,
    Commiato lacrimoso de la primavera,
    Su i gelsi e su gli olmi e su le viti
    E su i pini dai novelli rosei diti
    Che giocano con l'aura che si perde,
    E su'l grano che non è biondo ancòra
    E non è verde,
    E su'l fieno che già patì la falce
    E trascolora,
    E su gli olivi, su i fratelli olivi
    Che fan di santità pallidi i clivi
    E sorridenti.

Laudata sii per le tue vesti aulenti,
    O Sera, e pel cinto che ti cinge come il salce
    Il fien che odora!

Io ti dirò verso quali reami
    D'amor ci chiami il fiume, le cui fonti
    Eterne a l'ombra de gli antichi rami

GABRIELE D'ANNUNZIO
1863-1938 (b. in Pescara, d. in Gardone)

The Evening at Fiesole

Fresh my words in the evening
   Be to you like the rustle the mulberry leaves make
   In the hands of him who silent plucks them
   And still lingers at the slow work
   On the tall ladder which blackens
   Against the trunk which turns silver
   With its stripped branches
   While the Moon is near the cerulean thresholds
   And seems to spread a veil before her
   Where our dream reposes
   And the countryside already seems to feel
   Submerged by her in the nocturnal chill
   And from her drink the longed-for peace
   Without seeing her.

Praised be you for your visage of pearl,
   O Evening, and for your large moist eyes
   Where silent is the dew!

Sweet my words in the evening
   Be to you like the rain which
   Tepid and fleeting,
   Tearful parting of the spring, murmured on
   The mulberries, on the elms and on the vines,
   And on the newly rosy-fingered pines
   That play with the failing wind,
   And on the wheat that is not yet blond
   And is not green,
   And on the hay that already suffered the scythe
   And changes color,
   And on the olives, the brother olive trees
   Who make the hills with saintliness pale
   And smiling.

Praised be you for your perfumed vestments,
   O Evening, and for the sash that binds you
   As the willow-wand binds the fragrant hay!

I will tell you toward what realms
   Of love the river calls us, whose eternal
   Springs in the shade of ancient boughs

Parlano nel mistero sacro dei monti;
E ti dirò per qual segreto
Le colline su i limpidi orizzonti
S'incurvino come labbra che un divieto
Chiuda, e perchè la volontà di dire
Le faccia belle
Oltre ogni uman desire
E nel silenzio lor sempre novelle
Consolatrici, sì che pare
Che ogni sera l'anima le possa amare
D'amor più forte.

Laudata sii per la tua pura morte,
O Sera, e per l'attesa che in te fa palpitare
Le prime stelle!

Speak in the holy mystery of the mountains;
And I will tell you for which secret
The hills on the limpid horizons
Curve like lips that an injunction
Closes, and why their will to speak
Makes them lovely
Beyond any human desire
And in their silence always
Comfort us anew, so it seems that the soul
Each evening could love them
With a stronger love.

Praised be you for your pure death,
O Evening, and for the waiting which in you makes
The first stars throb!

Lungo l'Affrico nella sera di giugno dopo la pioggia, 11-20

Nascente Luna, in cielo esigua come
    Il sopracciglio de la giovinetta
    E la midolla de la nova canna,
    Sì che il più lieve ramo ti nasconde
    E l'occhio mio, se ti smarrisce, a pena
    Ti ritrova, pe'l sogno che l'appanna,
    Luna, il rio che s'avvalla
    Senza parola erboso anche ti vide;
    E per ogni fil d'erba ti sorride,
    Solo a te sola.

La tenzone

O Marina di Pisa, quando folgora il solleone!
    Le lodolette cantan su le pratora di San Rossore
    E le cicale sui platani d'Arno a tenzone.
Come l'Estate porta l'oro in bocca,
    L'Arno porta il silenzio alla sua foce.
    Tutto il mattino per la dolce landa
    Quinci è un cantare e quindi altro cantare;
    Tace l'acqua tra l'una e l'altra voce.
    E l'Estate or si china da una banda
    Or dall'altra si piega ad ascoltare.
    È lento il fiume, il naviglio è veloce.
    La riva è pura come una ghirlanda.
    Tu ridi tuttavia co' raggi in bocca,
    Come l'Estate a me, come l'Estate!
    Sopra di noi sono le vele bianche,
    Sopra di noi le vele immacolate.
    Il vento che le tocca
    Tocca anche le tue pàlpebre un pò stanche,
    Tocca anche le tue vene delicate;
    E un divino sopor ti persuade,
    Fresco ne' cigli tuoi come rugiade
    In erbe all'albeggiare.
    S'inazzurra il tuo sangue come il mare.
    L'anima tua di pace s'inghirlanda.
    L'Arno porta il silenzio alla sua foce
    Come l'Estate porta l'oro in bocca.
    Stormi d'augelli varcano la foce,

Along the Affrico on a June Evening after the Rain, 11-20

Rising Moon, in the sky slight as
  The eyebrow of a young child
  And the pith of the new cane,
  So that the lightest branch will hide you
  And if my eyes lose you, they can hardly
  Find you again, for the dream that clouds them,
  Moon, the grassy stream which without a word
  Flows down to the valley also saw you;
  And through every blade of grass smiles to you,
  Alone to you alone.

The Contest

O Marina di Pisa, when the midsummer sun is blazing!
  The skylarks sing on the meadows of San Rossore
  And the cicadas on the sycamores of the Arno in a contest.
As the Summer carries gold between her lips,
  The Arno carries silence to its mouth.
  All morning-long through the sweet land
  Hence there's a song and thence another song;
  The water is silent between one voice and the other.
  And Summer now bows from one side,
  Now from the other bends to listen.
  The river is slow, the boat is swift.
  The bank is pure as a garland.
  You laugh every time with radiant mouth,
  Like the Summer to me, like the Summer!
  Above us are the white sails,
  Above us the immaculate sails.
  The wind that touches them
  Touches also your heavy-lidded eyes,
  Touches also your delicate veins;
  And a divine sleepiness sways you,
  Fresh on your eyelashes as the dew
  On grass at dawn.
  Your blood is made as azure as the sea.
  Your soul with peace is wreathed.
  The Arno carries silence to its mouth
  As the Summer carries gold between her lips.
  Flocks of birds cross the river mouth,

Poi tutte l'ali bagnano nel mare!
Ogni passato mal nell'oblio cade.
S'estingue ogni desio vano e feroce.
Quel che ieri mi nocque, or non mi nuoce;
Quello che mi toccò, più non mi tocca.
È paga nel mio cuore ogni dimanda,
Come l'acqua tra l'una e l'altra voce.
Così discendo al mare;
Così veleggio. E per la dolce landa
Quinci è un cantare, e quindi altro cantare.

Le lodolette cantan su le pratora di San Rossore
E le cicale cantano su i platani d'Arno a tenzone.

Then bathe their widespread wings in the sea!
Every past evil into oblivion falls.
Quenched is every vain and wild desire.
That which yesterday hurt, now hurts no more;
What touched me, touches me no more.
In my heart every question is appeased,
Like the water between one voice and the other.
So I descend to the sea;
So I sail. And through the sweet land
Hence there's a song, and thence another song.

The skylarks sing on the meadows of San Rossore
And the cicadas sing on the sycamores of the Arno in a contest.

ADOLFO DE BOSIS
1863-1924 (n. e m. ad Ancona)

Le stelle

Ospite, il tuo dolce capo
　　Su la mia palma è una piuma,
　　Tiepida. O un mondo, frequente
　　Di sogni, arcano e lontano
　　Ben più de l'ultime stelle!...
Come vicine le stelle,
　　Ciascuna a ciascuna, e a noi
　　Solinghi! Accennano e palpitano
　　Prodighe di tenerezza.
　　Non le consuma una opaca
　　Febre; non le fa schive
　　Disparità; nè disio
　　Le incenerisce o silenzio
　　Lima lor cuore; nè acerbo
　　Gonfia lor pupille il pianto.
Ospite, guarda le stelle
　　Infinite nell'infinito
　　Cielo. La Notte, l'eterna
　　L'antica madre si è tutta
　　Ringiovanita di luce.
　　Ignuda a specchio del cielo
　　Si piace di sua vaghezza.
　　Ride e piange di luce.
　　Pare una primavera
　　Triste, più grande, fuggita
　　Oltre la morte e la vita,
　　Immemore del breve mondo,
　　Signora di praterie
　　Di luce, di fiumane
　　Di luce, di paradisi
　　Di luce... Ospite, guarda;
　　Poi che non giova guardare
　　Nel cuore umano ch'è un mare
　　Buio. Guarda le stelle!
　　Treman come a un vento
　　Di giubilo. Tremano e palpitano.
　　Son fiori eterni che sbocciano,
　　Cesarie d'oro che ondeggiano,
　　Perlati veli che fluttuano,

ADOLFO DE BOSIS
1863-1924 (b. and d. in Ancona)

The Stars

Guest, your sweet head
   On my palm is a warm
   Plume. Or a world, abounding
   With dreams, arcane and distant
   Far more than the farthest stars!...

How near the stars,
   To each other, and to us
   In our solitude! They beckon and quiver
   Profuse with tenderness.
   No opaque fever consumes them;
   Disparity does not make them shy;
   Nor does desire reduce them to ashes
   Or silence gnaw at their heart;
   Nor do bitter tears
   Well up in their eyes.

Guest, look at the stars
   Infinite in the infinite
   Heavens. Night, the eternal
   The ancient mother
   Has grown young with light once again.
   Naked, mirroring herself in the sky,
   She is pleased with her beauty.
   She laughs and weeps with light.
   She seems spring,
   Sad, greater, fled
   Beyond death and life,
   Forgetful of the brief world,
   Mistress of prairies
   Of light, of rivers
   Of light, of paradises
   Of light.... Guest, look;
   Since it does not help to look
   In the human heart which is a dark
   Sea. Look at the stars!
   They tremble as to a jubilant
   Wind. They tremble and throb.
   They are eternally blossoming flowers,
   Golden tresses that wave,
   Pearly wavering veils,

Pensosi occhi che affisano?...
O prodigii! O misterii,
Su nostre anime attonite!

Un riso innumerevole
Propagasi in oceani
D'opale. Entro, di liquide
Gemme isole fiammeggiano.
Gonfia gl'irremeabili
Oceani il volubile
Incendio. Le miriadi
Di stelle, dai pinnacoli
Del cielo agita un èmpito
Concorde. Anche le pallide
Nebulose hanno brividi
Di candore. Ali battono?...
O invadono i siderei
Silenzi onde di musiche?...

Cittadino del Cielo
E tu fammi, purpurea
Notte! Prendimi e sperdimi
Nel golfo immensurabile!
Mesci il mio neI tuo palpito
Immenso, o moltitudine
Ardente! Fra' tuoi atomi
Accogli e fra la polvere
Di stelle anche la minima
Anima! Non li empirei
Spazii, non fiamma o tenebra,
Non violare i termini
Del Tempo, entrar nel limite
De l'Infinito e naufrago
Rotear nel tuo gurgite,
Non m'impaura. Questo,
M'impaura, mio labile
Uman cuore... E tu avvolgimi
Nel tuo candente velo,
Notte! Affrancami, e fammi
Cittadino del Cielo!

Pensive eyes gazing?...
O prodigies! O mysteries,
To our astonished souls!

A smile innumerable
Diffuses in oceans
Of opal. Within it,
Isles of liquid gems blaze.
The voluble fire
Swells oceans from which there is
No return. A concordant impulse
Stirs the myriads of stars
From the pinnacles of the sky.
Even the pale
Nebulae have shivers
Of brilliance. Are wings beating?...
Or are waves of music invading
The sidereal silences?...

Purple night, make me too
A citizen of the Sky!
Take me and lose me
In the measureless gulf!
Mix in your immense heartbeat
My own, o burning
Multitude! Accept
Among your atoms
And star dust even the tiniest
Soul! Not the empyrean
Spaces, not flame or darkness,
Not violating the limits
Of Time, nor crossing the threshold
Of the Infinite and, shipwrecked,
Rotating in your vortex,
Frighten me. This,
Frightens me, my unstable
Human heart... Night, wrap me too
In your glowing veil!
Free me, and make me
A citizen of the Sky!

ANTONINO ANILE
1869-1943 (n. a Pizzo di Calabria, m. a Raiano d'Aquila)

La morte dell'allodola

Con volo obliquo rade la pianura
    L'allodola ferita, e nella folta
    S'immerge di un ontàn capigliatura.

L'albero attinge l'anima raccolta
    Del Sol calante, e 'n cima ancor s'accende,
    Mentre un soffio l'investe, volta, a volta;

Così che al rotto volo si protende,
    E in sè chiude l'allodola coi rami
    Come madre che il suo nato difende.

L'allodola si posa; ma ai richiami
    Della luce, che ancora in sulle cime
    Dell'ontàno dispiega aurei velami,

Riapre il volo stanco; e dalle prime
    Rame, che l'ombra grande ormai disfiora,
    Tende a quella che tremola sublime.

L'ala ferita sempre più dolora;
    Ma l'allodola, con voli più lenti,
    Guadagna un ramo e tende in alto ancora.

Par che le foglie in armonia stormenti,
    Sostengano quel volo, quella viva
    Ansia di luce in due occhi morenti.

Si raccoglie la luce fuggitiva
    Su l'ardua cima, e, con palpito anelo,
    La moriente anima vi arriva.

Beve la luce dell'estremo cielo
    In un fremito intenso, indi procombe,
    Come fiore divelto dallo stelo,

Nel mentre l'ombra sulle cose incombe.

ANTONINO ANILE

1869-1943 (b. in Pizzo di Calabria, d. in Raiano d'Aquila)

The Death of the Skylark

With oblique flight the wounded skylark
  Skims the plain, and immerses herself
  In the thick foliage of an alder.

The tree draws on the calm spirit
  Of the setting sun, and its crown still glows,
  While a gust blows on it time and time again;

So that it extends toward the broken flight,
  And encloses the skylark with its branches
  Like a mother defending her newborn.

The skylark rests; but at the calls
  Of the light, that on the peaks of the alder
  Still displays its golden veils,

She again unfolds her weary wings, and from the first
  Branches that by now broad shade despoils,
  She makes for one that trembles at the summit.

The wounded wing hurts her more and more;
  But the skylark, with slower flights,
  Reaches a branch and heads still higher.

It seems as if the branches in harmony windblown
  Sustain that flight, that live
  Eagerness for light, in two dying eyes.

The fleeting light gathers
  On the arduous peak, and, with longing beat,
  The dying soul attains it.

She drinks the light of the farthest sky
  In an intense tremor, then she drops,
  Like a flower torn from its stem,

Meanwhile a shadow impends over all things.

ADA NEGRI
1870-1945 (n. a Lodi, m. a Milano)

La follìa

Una foglia cadde dal platano, un fruscìo scosse il cuore del cipresso,
Sei tu che mi chiami.
Occhi invisibili succhiellano l'ombra, s'infiggono in me come chiodi in
un muro,
Sei tu che mi guardi.
Mani invisibili le spalle mi toccano, verso l'acque dormenti del pozzo mi
attirano,
Sei tu che mi vuoi.
Su su dalle vertebre diacce con pallidi taciti brividi la follìa sale al
cervello,
Sei tu che mi penetri.
Più non sfiorano i piedi la terra, più non pesa il corpo nell'aria, via lo
porta l'oscura vertigine,
Sei tu che mi travolgi, sei tu.

Il muro

Alto è il muro che fiancheggia la mia strada, e la sua nudità rettilinea si
prolunga nell'infinito.
Lo accende il sole come un rogo enorme, lo imbianca la luna come un
sepolcro.
Di giorno, di notte, pesante, inflessibile, sento il tuo passo di là dal
muro.
So che sei lì, e mi cerchi e mi vuoi, pallido del pallore marmoreo che
avevi l'ultima volta ch'io ti vidi,
So che sei lì; ma porta non trovo da schiudere; breccia non posso
scavare.
Parallela al tuo passo io cammino, senz'altro udire, senz'altro seguire
che questo solo richiamo:
Sperando incontrarti alla fine, guardarti beata nel viso, venirti beata nel
cuore.
Ma il termin sempre è più lungi, e in me non v'ha fibra che non sia
stanca;
Ed il tuo passo di là dal muro si scande a martello sul battito delle mie
arterie.

ADA NEGRI

1870-1945 (b. in Lodi, d. in Milan)

Folly

A leaf fell from the sycamore, a rustle shook the heart of the cypress,
It is you calling me.
Invisible eyes drill the shadow, pierce me like nails in a wall,
It is you looking at me.
Invisible hands touch my shoulders, draw me toward the well's sleeping waters,
It is you wanting me.
Up and up from the icy vertebrae with pale silent shivers folly climbs to the brain,
It is you penetrating me.
My feet no more graze the ground, my body weighs no more
in the air, the obscure dizziness takes it away,
It is you overpowering me, it is you.

The Wall

Tall is the wall that borders my road, and its rectilinear bareness
prolongs itself into the infinite.
The sun lights it like an enormous pyre, the moon whitens it like a
sepulchre.
Day and night, heavy, inflexible, I hear your step beyond the wall.
I know that you are there, and that you seek me and want me, pale with
the marble-like pallor you had the last time I saw you.
I know you are there; but I find no door to open; I cannot dig a passage
through the wall.
I walk parallel with your step, without hearing, without following any
other call:
Hoping to finally meet you, blissfully look you in the face, blissfully
come to your heart.
But the end is always farther away, and there's no fiber in me that is not
tired;
And beyond the wall your step beats like a hammer to my arteries' beat.

GUIDO GOZZANO
1883-1916 (n. e m. a Torino)

Alle soglie
I

Mio cuore, monello giocondo che ride pur anco nel pianto,
  Mio cuore, bambino che è tanto felice d'esistere al mondo,

Pur chiuso nella tua nicchia, ti pare sentire di fuori
  Sovente qualcuno che picchia, che picchia... Sono i dottori.

Mi picchiano in vario lor metro spiando non so quali segni,
  M'auscultano con li ordegni il petto davanti e di dietro.

E senton chi sa quali tarli i vecchi saputi... A che scopo?
  Sorriderei quasi, se dopo non bisognasse pagarli...

"Appena un lieve sussurro all'apice...qui...la clavicola..."
  E con la matita ridicola disegnano un circolo azzurro.

"Nutrirsi... non fare più versi... nessuna notte più insonne...
  Non più sigarette... non donne... tentare bei cieli più tersi:

Nervi... Rapallo... San Remo... cacciare la malinconia;
  E se permette faremo qualche radioscopia..."

II

O cuore non forse che avvisi solcarti, con grande paura,
  La casa ben chiusa ed oscura, di gelidi raggi improvvisi?

Un fluido investe il torace, frugando il men peggio e il peggiore,
  Trascorre, e senza dolore disegna su sfondo di brace

E l'ossa e gli organi grami, al modo che un lampo nel fosco
  Disegna il profilo d'un bosco, coi minimi intrichi dei rami.

E vedon chi sa quali tarli i vecchi saputi... A che scopo?
  Sorriderei quasi, se dopo non fosse mestiere pagarli.

GUIDO GOZZANO
1883-1916 (b. and d. in Turin)

At the Threshold
I

My heart, playful urchin who laughs even in tears,
   My heart, child who is so happy to exist in the world,
Though closed in your niche you seem to hear outside
   Often someone who knocks, who knocks... It's the doctors.
They percuss me in their varied measure spying for I know not what signs,
   With their gadgets they listen to my chest in front and behind.
And who knows what woodworms those old sages hear... For what?
   I would amost smile, if later one did not have to pay them...
"Just a slight murmur at the apex... here...the clavicle..."
   And they draw a blue circle with the ridiculous crayon.
"Nourish yourself...no more verses...no more sleepless nights...
   No more cigarettes...no women...try better climates:
Nervi...Rapallo...San Remo...chase gloom away;
   And, if we may, we will take an x-ray..."

II

O heart do you not notice perhaps, with great fear,
   Cold sudden rays scoring your dark well-closed home?
A fluid suffuses the thorax, seeking the less bad and the worst,
   It glides and painlessly draws bones and frail organs
On a background of embers, as lightning at dark
   Draws a wood's profile, with every detail of its branches.
And who knows what woodworms the old sages see...To what end?
   I would almost smile, if later one did not need to pay them.

III

Mio cuore, monello giocondo che ride pur anco nel pianto,
  Mio cuore, bambino che è tanto felice d'esistere al mondo,

Mio cuore dubito forte — ma per te solo m'accora —
  Che venga quella Signora dall'uomo detta la Morte.

(Dall'uomo: chè l'acqua la pietra l'erba l'insetto l'aedo
  Le danno un nome, che, credo, esprima una cosa non tetra.)

È una Signora vestita di nulla e che non ha forma.
  Protende su tutto le dita, e tutto che tocca trasforma.

Tu senti un benessere come un incubo senza dolori;
  Ti svegli mutato di fuori, nel volto nel pelo nel nome.

Ti svegli dagli incubi innocui, diverso ti senti, lontano;
  Nè più ti ricordi i colloqui tenuti con guidogozzano.

Or taci nel petto corroso, mio cuore! Io resto al supplizio,
  Sereno come uno sposo e placido come un novizio.

III

My heart, playful urchin who laughs even in tears,
  My heart, child who is so happy to exist in the world,
My heart I strongly suspect — but I grieve only for you —
  That the Lady by man called Death may be coming.
(By man: for the water the rock the grass the insect the bard
  Give it a name which, I think, expresses something not grim.)
It is a Lady who wears nothing and has no shape.
  She extends her fingers on all, and all she touches transforms.
You feel a well-being like a dream without pain;
  You wake changed outside, in the face in the hair in the name.
You wake from harmless dreams, you feel different, distant;
  Nor do you remember any longer the colloquies held with
  guidogozzano.
Now hush in the corroded chest, my heart! I remain on the scaffold,
  Serene as a bridegroom and placid as a novice.

UMBERTO SABA
1883-1957 (n. a Trieste, m. a Gorizia)

La capra

Ho parlato a una capra.
  Era sola sul prato, era legata.
  Sazia d'erba, bagnata
  Dalla pioggia, belava.

Quell'uguale belato era fraterno
  Al mio dolore. Ed io risposi, prima
  Per celia, poi perchè il dolore è eterno,
  Ha una voce e non varia.
  Questa voce sentiva
  Gemere in una capra solitaria.

In una capra dal viso semita
  Sentivo querelarsi ogni altro male,
  Ogni altra vita.

Fuga terza

Mi levo come in un giardino ameno un gioco d'acque;
  Che in un tempo, in un tempo più sereno mi piacque.
Il sole scherza tra le goccie, e il vento ne sparge intorno.
  Ma fu il diletto, il diletto ora spento d'un giorno.
Fiorisco come al verde Aprile un prato presso un ruscello.
  Chi sa che il mondo è tutto un simulato macello,
Come può rallegrarsi ai prati verdi, al breve Aprile?
  Se tu in un cieco dolore ti perdi, e vile,
Per te mi vestirò di neri panni e sarò triste.
  La mia tristezza non farà ai tuoi danni conquiste.
Ascolta, Eco gentile, ascolta il vero che viene dietro,
  Che viene in fondo ad ogni mio pensiero più tetro.
Io lo so che la vita oltre il dolore, è più che un bene.
  Le angoscie allora io ne dirò, il furore, le pene;
Chè sono la tua Eco, ed il segreto è in me delle tue paci.
  Del tuo pensiero quello ti ripeto che taci.

UMBERTO SABA

1883-1957 (b. in Trieste, d. in Gorizia)

The Goat

I talked to a goat.
   Tied, alone in a meadow,
   Sated with grass, wet
   From the rain, she was bleating.
That unvaried bleat was fraternal
   To my sorrow. And I answered, first
   In jest, then because sorrow is eternal,
   Has one voice, and does not vary.
   This voice I heard
   Moaning in a solitary goat.
In a goat with a Semitic face
   I heard every other ill,
   Every other life wailing.

Fugue III

I rise as in a pleasant garden jets of water play;
   That once, in a serener time I liked.
The sun plays among the drops, and the wind scatters them around,
   But it was the delight, the delight of a day now quenched.
I bloom as in green April a meadow near a stream.
   Knowing that the world is all a simulated slaughterhouse,
How can one rejoice at meadows green, at the brief April?
   If you lose yourself in a blind and wretched grief,
For you I will dress in black clothes and will be sad.
   My grief will not erase your losses.
Listen, gentle Echo, listen to the truth which is behind,
   Which is at the bottom of all my darkest thoughts.
I know that life, beyond sorrow, is more than a blessing.
   Then I'll tell you its anguishes, its furor, and its pains;
For I am your Echo, and the secret is in me of your peace.
   I repeat to you whatever you hush within your thought.

Il borgo, 19-47

Dove nel dolce tempo
    D'infanzia
    Poche vedevo sperse
    Arrampicate casette sul nudo
    Della collina,
    Sorgeva un Borgo fervente d'umano
    Lavoro. In lui la prima
    Volta soffersi il desiderio dolce
    E vano
    D'immettere la mia dentro la calda
    Vita di tutti,
    D'essere come tutti
    Gli uomini di tutti
    I giorni.
La fede avere
    Di tutti, dire
    Parole, fare
    Cose che poi ciascuno intende, e sono,
    Come il vino ed il pane,
    Come i bimbi e le donne,
    Valori di tutti. Ma un cantuccio,
    Ahimè, lasciavo al desiderio, azzurro
    Spiraglio,
    Per contemplarmi da quello, godere
    L'alta gioia ottenuta
    Di non esser più io,
    D'esser questo soltanto: fra gli uomini
    Un uomo.

The Town, 19-47

Where in the sweet time
    Of childhood
    I saw only a few small
    Stray houses clinging to the bareness
    Of the hill,
    Now there was a Town fervent with human
    Work. In it for the first
    Time I felt keenly the sweet
    And vain desire
    To let my life enter the warm
    Life of all,
    To be like every
    Man of every day.
To have the faith
    Of all, to speak
    Words, to do
    Things that then everyone understands, and are,
    Like bread and wine,
    Like children and women,
    Values of all. But a nook
    Alas, I left to the desire, an azure
    Cranny,
    Through which to contemplate myself, to savor
    The high joy
    Of being myself no more,
    Of being only this: among men
    A man.

CAMILLO SBARBARO

1888-1967 (n. a Santa Margherita Ligure, m. a Spotorno)

Padre, se anche tu non fossi il mio padre

Padre, se anche tu non fossi il mio padre,
  Per te stesso egualmente t'amerei.
  Chè mi ricordo d'un mattin d'inverno
  Che la prima viola sull'opposto
  Muro scopristi dalla tua finestra
  E ce ne desti la novella allegro.
  E subito la scala tolta in spalla
  Di casa uscisti e l'appoggiavi al muro.
  Noi piccoli dai vetri si guardava.
E di quell'altra volta mi ricordo
  Che la sorella, bambinetta ancora,
  Per la casa inseguivi minacciando.
  Ma raggiuntala che strillava forte
  Dalla paura, ti mancava il cuore:
  T'eri visto rincorrere la tua
  Piccola figlia e, tutta spaventata,
  Tu vacillando l'attiravi al petto,
  E con carezze la ricoveravi
  Tra le tue braccia come per difenderla
  Dal quel cattivo ch'eri tu di prima.
Padre, se anche tu non fossi il mio
  Padre...

CAMILLO SBARBARO

1888-1967 (b. in Santa Margherita Ligure, d. in Spotorno)

Father, even if you weren't my father

Father, even if you weren't my father,
   I would equally have loved you for yourself.
   For I remember one winter morning
   You discovered the first violet
   On the wall opposite your window
   And happy you gave us news of it.
   And quickly shouldering a ladder
   You went out and leaned it on the wall.
   We little ones watched you from the window.

And I remember that other time
   When my sister, still a little child,
   You were menacingly chasing through the house.
   But catching up with her who was screaming loud
   From fear, you lost heart:
   You had seen yourself chasing your
   Little daughter and, all scared as she was,
   Swaying, you drew her to your chest,
   And caressing her you held her
   In your arms as if to protect her
   From the wicked fellow that you were before.

Father, even if you weren't my
   Father...

GIUSEPPE UNGARETTI

1888-1970 (n. ad Alessandria d'Egitto, m. a Milano)

Ricordo d'Affrica, 1-16

Non più ora per la piana sterminata
   E il largo mare m'apparterò, nè umili
   Di remote età, udrò più sciogliersi, chiari,
   Nell'aria limpida, squilli. Nè più
   Le grazie acerbe andrà nudando
   E in forme favolose esalterà
   Folle la fantasia,
   Nè, d'un salto lontana la sorgente,
   Diana nell'agile veste di luce,
   Più dal palmeto tornerà
   (Andava sacra, senza mescolanze,
   In una sua freddezza s'abbagliava,
   Correva pura,
   E se guardava la seguiva
   Arroventando disgraziate brame,
   Infinito velluto).

Dannazione

Come il sasso aspro del vulcano,
   Come il logoro sasso del torrente,
   Come la notte, sola e nuda,
   Anima da fionda e da terrori
   Perchè non ti raccatta
   La mano ferma del Signore?
Quest'anima
   Che sa la vanità del cuore
   E le sue tentazioni, perfide,
   E che del mondo sa le proporzioni
   E i piani della mente, tracotanza
   Perchè non può soffrire
   Se non rapimenti terreni?
Tu non mi guardi più, Signore...
E non cerco se non oblio
   Nella cecità della carne.

GIUSEPPE UNGARETTI
1888-1970 (b. in Alexandria, d.in Milan)

Memory of Africa, 1-16

No more now will I repair to the boundless
   Plain and the wide sea, nor anymore
   Will I hear clear, humble notes
   Of remote ages dissolve in the limpid air,
   Nor anymore will mad fantasy go baring
   And exalt in fabled forms
   Rathe graces,
   Nor, one jump away from the spring,
   Will Diana in her agile robe of light
   Anymore return from the palm grove
   (Sacred she went, without admixtures,
   Dazzled by her coldness,
   Pure she ran,
   And if she looked
   Infinite velvet followed her
   Making luckless yearnings glow red-hot.)

Damnation

Like the harsh stone of the volcano,
   Like the worn stone of the torrent,
   Like the night, alone and naked,
   Soul for slings and terrors
   Why doesn't the steady hand
   Of the Lord gather you up?

This soul
   That knows the vanity of the heart
   And its perfidious temptations,
   And that knows the proportions of the world
   And the mind's plans, and arrogance
   Why can it not suffer
   Any other than terrestrial raptures?

You look no more upon me, Lord...

And I seek nothing if not oblivion
   In the blindness of the flesh.

Soldati

Si sta come
    D'autunno
    Sugli alberi
    Le foglie.

Soldiers

We hang on as
   In autumn
   Leaves
   On trees.

EUGENIO MONTALE
1896-1981 (n. a Genova, m. a Milano)

Riviere

Riviere,
    Bastano pochi stocchi d'erbaspada
    Penduli da un ciglione
    Sul delirio del mare;
    O due camelie pallide
    Nei giardini deserti,
    E un eucalipto biondo che si tuffi
    Tra sfrusci e pazzi voli
    Nella luce;
    Ed ecco che in un attimo
    Invisibili fili a me si assèrpano,
    Farfalla in una ragna
    Di fremiti d'olivi, di sguardi di girasoli.
Dolce cattività, oggi, riviere
    Di chi s'arrende per poco
    Come a rivivere un antico giuoco
    Non mai dimenticato.
    Rammento l'acre filtro che porgeste
    Allo smarrito adolescente, o rive:
    Nelle chiare mattine si fondevano
    Dorsi di colli e cielo; sulla rena
    Dei lidi era un risucchio ampio, un eguale
    Fremer di vite,
    Una febbre del mondo; ed ogni cosa
    In sè stessa pareva consumarsi.
Oh allora sballottati
    Come l'osso di seppia dalle ondate
    Svanire a poco a poco;
    Diventare
    Un albero rugoso od una pietra
    Levigata dal mare; nei colori
    Fondersi dei tramonti; sparir carne
    Per spicciare sorgente ebbra di sole,
    Dal sole divorata...
                    Erano questi,
    Riviere, i voti del fanciullo antico
    Che accanto ad una rósa balaustrata
    Lentamente moriva sorridendo.

EUGENIO MONTALE
1896-1981 (b. in Genoa, d. in Milan)

Rivieras

Rivieras,
    Enough are a few tufts of sword grass
    Hanging from a cliff
    Over the delirium of the sea;
    Or two pale camelias
    In the deserted gardens,
    Or a blond eucalyptus that dives
    Between rustles and mad flights
    Into the light;
    And lo, in an instant
    Invisible threads wind round me,
    A butterfly in a web
    Of quivers of olive trees, of glances of sunflowers.
Sweet captivity, today, rivieras
    Of one who surrenders for a while
    As if to relive an ancient game
    Never forgotten.
    I remember the acrid philter you offered
    To the lost adolescent, o shores:
    In the clear mornings
    Backs of hills blended with the sky; on the sand
    Of the beaches was an ample eddy, an equal
    Throbbing of lives,
    A fever of the world; and every thing
    Seemed to consume itself within itself.
Oh then, tossed about
    By the waves like cuttlefish
    To vanish little by little;
    To become
    A rugged tree or a stone
    Polished by the sea; to blend
    Into the colors of sunsets; to disappear as flesh
    And gush out as a spring inebriated with the sun,
    By the sun devoured...
                  These were,
    Rivieras, the vows of the ancient child
    Who next to a corroded balustrade
    Slowly died smiling.

Quanto, marine, queste fredde luci
    Parlano a chi straziato vi fuggiva.
    Lame d'acqua scoprentisi tra varchi
    Di labili ramure; rocce brune
    Tra spumeggi: frecciare di rondoni
    Vagabondi...
                Ah, potevo
    Credervi un giorno o terre,
    Bellezze funerarie, auree cornici
    All'agonia d'ogni essere. Oggi torno
    A voi più forte, o è inganno, ben che il cuore
    Par sciogliersi in ricordi lieti — e atroci.
    Triste anima e tu nuova
    Volontà che mi chiami,
    Tempo è forse d'unirvi
    In un porto sereno di saggezza.
    Ed un giorno sarà ancora l'invito
    Di voci d'oro, di lusinghe audaci,
    Anima mia non più divisa. Pensa:
    Cangiare in inno l'elegia, rifarsi,
    Non mancar più.
                Potere
    Simili a questi rami
    Ieri scarniti e nudi ed oggi pieni
    Di fremiti e di linfe,
    Sentire
    Noi pur domani tra i profumi e i venti
    Un raffluir di sogni, un urger folle
    Di voci verso un èsito; e nel sole
    Che v'investe, riviere,
    Rifiorire!

Spesso il male di vivere ho incontrato

Spesso il male di vivere ho incontrato:
    Era il rivo strozzato che gorgoglia,
    Era l'accartocciarsi della foglia
    Riarsa, era il cavallo stramazzato.

Bene non seppi, fuori del prodigio
    Che schiude la divina Indifferenza:
    Era la statua nella sonnolenza
    Del meriggio, e la nuvola, e il falco alto levato.

How much, seashores, these cold lights
    Speak to him who fled there in dismay.
    Blades of water disclosing themselves in between gaps
    Of wavering branches; dark rocks
    Amid the foam; darting of vagabond
    Swifts...
                    Ah, I could
    Believe you one day o lands,
    Funerary beauties, golden frames
    To the agony of every being. Today I return
    To you stronger, or is it a deception, though the heart
    Seems to melt in happy — and atrocious — memories.
    Sad soul and you new
    Will that call me,
    It is perhaps time to unite you
    In a haven serene with wisdom.
    And one day there will be again the invitation
    Of golden voices, of bold fancies,
    Soul of mine, no more divided. Think:
    To change the elegy into a hymn, to remake oneself,
    To miss no more.
                    For us to be able,
    Like these branches
    Yesterday meager and bare and today full
    Of throbs and of saps,
    To feel
    Even tomorrow between the perfumes and the winds
    A reflowing of dreams, a mad urging
    Of voices toward an outcome; and in the sun
    That clothes you, rivieras,
    To bloom again.

Often the Malady of Living I Have Met

Often the malady of living I have met:
    It was the choked stream that gurgles,
    It was the curling of the withered leaf,
    It was the fallen horse.
Wellbeing I knew not, outside the prodigy
    That divine Indifference discloses:
    It was the statue in the somnolence
    Of noon, and the cloud, and the hawk lifted on high.

167

SALVATORE QUASIMODO
1901-1968 (n. a Modica, m. a Napoli)

Ed è subito sera

Ognuno sta solo sul cuor della terra
    Trafitto da un raggio di sole:
    Ed è subito sera.

Ora che sale il giorno

Finita è la notte e la luna
    Si scioglie lenta nel sereno,
    Tramonta nei canali.
È così vivo settembre in questa terra
    Di pianura, i prati sono verdi
    Come nelle valli del sud a primavera.
    Ho lasciato i compagni,
    Ho nascosto il cuore dentro le vecchie mura,
    Per restare solo a ricordarti.
Come sei più lontana della luna,
    Ora che sale il giorno
    E sulle pietre batte il piede dei cavalli!

Impercettibile il tempo

Nel giardino si fa rossa
    L'arancia, impercettibile
    Il tempo danza
    Sulla sua scorza,
    La ruota del mulino si stacca
    Alla piena dell'acqua
    Ma continua il suo giro
    E avvolge un minuto
    Al minuto passato
    O futuro. Diverso il tempo
    Sul vortice del frutto;
    Indeclinabile sul corpo
    Che riflette la morte,
    Scivola contorto
    Chiude la presa alla mente, scrive
    Una prova di vita.

SALVATORE QUASIMODO
1901-1968 (b. in Modica (Sicily), d. in Naples)

And Suddenly It Is Evening

Everyone stands alone on the earth's heart
   Transfixed by a ray of sunlight:
   And suddenly it is evening.

Now that Day Rises

Night is over and the moon
   Slowly dissolves in the clear sky,
   Sets on the canals.
September is so alive in this flat
   Land, the meadows are green
   Like the valleys of the south in spring.
   I have left my companions,
   I have hidden my heart inside the old walls,
   To remain alone and remember you.
How you are more distant than the moon,
   Now that day rises
   And the hoofs of the horses beat on the paving stones!

Imperceptible Time

In the garden the orange
   Reddens, imperceptible
   Time dances
   On its rind,
   The wheel of the mill detaches itself
   At the water's flood
   But continues its turn
   And winds one minute
   To the minute past
   Or future. Different is time
   On the vortex of the fruit;
   Undeclinable on the body
   That reflects death,
   Twisted it slides
   It shuts the mind's grasp, it writes
   A proof of life.

LUCIO PICCOLO
1903-1969 (n. a Palermo, m. a Capo d'Orlando)

Scirocco

E sovra i monti, lontano sugli orizzonti
  È lunga striscia color zafferano:
  Irrompe la torma moresca dei venti,
  D'assalto prende le porte grandi
  Gli osservatori sui tetti di smalto,
  Batte alle facciate da mezzogiorno,
  Agita cortine scarlatte, pennoni sanguigni, aquiloni,
  Schiarite apre azzurre, cupole, forme sognate,
  I pergolati scuote, le tegole vive
  Ove acqua di sorgive posa in orci iridati,
  Polloni brucia, di virgulti fa sterpi,
  In tromba cangia androni,
  Piomba sulle crescenze incerte
  Dei giardini, ghermisce le foglie deserte
  E i gelsomini puerili — poi vien più mite
  Batte tamburini; fiocchi, nastri...
Ma quando ad occidente chiude l'ale
  D'incendio il selvaggio pontificale
  E l'ultima gora rossa si sfalda
  D'ogni lato sale la notte calda in agguato.

Il raggio verde

Da torri e balconi protesi
  Incontro alle brezze vedemmo
  L'ultimo sguardo del sole
  Farsi cristallo marino
  D'abissi...poi venne la notte
  Sfiorarono immense ali
  Di farfalle: senso dell'ombra.
  Ma il raggio che sembrò perduto
  Nel turbinìo della terra
  Accese di verde il profondo
  Di noi dove canta perenne
  Una favola, fu voce
  Che sentimmo nei giorni, fiorì
  Di selve tremanti il mattino.

LUCIO PICCOLO
1903-1969 (b. in Palermo, d. in Capo d'Orlando)

Sirocco

And over the mountains, far on the horizons
    It is a long saffron band:
    It bursts into the moresque throng of winds,
    It assaults the large doors
    The observatories on the glazed roofs,
    It beats on the facades from the south,
    It stirs up scarlet curtains, ruddy banners, kites,
    It opens blue clearings, cupolas, dreamed-of shapes,
    It shakes the trellises, the live tiles
    Where spring water rests in irised jars.
    It burns shoots, makes scrub of saplings,
    It turns corridors into trumpets.
    It plummets on the uncertain growths
    Of the gardens, seizes the stray leaves
    And the childish jasmines — then it comes milder
    Beats tambourines; bows, ribbons...
But when the pontifical wild one in the west
    Folds his fiery wings
    And the last red pool fades
    From every side the warm night rises in ambush.

The Green Ray

Leaning out from towers and balconies
    Against the breezes we saw
    The last look of the sun
    Becoming a sea-crystal
    Of abysses...then came night
    Immense moth wings
    Grazed: a sense of shadow.
    But the ray which seemed lost
    In the whirling of the earth
    Lit green the deep
    Within us where a fable
    Perennially sings, it was a voice
    That we heard in the days, morning
    Blossomed with trembling woods.

GIOVANNA BEMPORAD
1925- (n. a Ferrara)

Veramente io dovrò dunque morire

Veramente io dovrò dunque morire
    Come un insetto effimero del maggio,
    E sentirò nell'aria calda e piena
    Gelare a poco a poco la mia guancia?
    Più vera morte è separarsi in pianto
    Da amate compagnie, per non tornare,
    E accomiatarsi a forza dalla celia
    Giovanile e dal riso, mentre indora
    Con tenerezza il paesaggio aprile.
    O per me non sarebbe male, quando
    Fosse il mio cuore interamente morto,
    Smarrirmi in questa dolce alba lunare
    Come s'infrange un'onda, nella calma.

A una rosa

China sul margine del tuo segreto,
    O rosa in veste diafana, mollezza
    Di corpo ignudo, incrollabile tempio
    Che in vigilanza d'amore mi tieni,
    Non so di che rilievi si componga
    La tua bellezza. E all'onda dei profumi
    Che col ritmo di un alito tu esali
    Misuro il tuo pallore e il mio languore.
    Mi tenta ogni tuo petalo concluso
    Nel giro di una linea sensitiva,
    Mollemente incurvato e pieno d'ombra.

Madrigale

Padiglione di mandorli, nel biondo
    Colore di febbraio, è la campagna;
    E al rapido infittirsi dei germogli
    Che traboccano, o in punto d'incarnarsi,
    La voluttà mi afferra senza braccia.
    L'immagine di lei si acciglia e ride
    Sotto un gioco di rondini, al suo collo

GIOVANNA BEMPORAD

1925- (b. in Ferrara)

Will I Then Really Have to Die

Will I then really have to die
   Like an ephemeral insect of May,
   And will I feel in the warm, full air
   Little by little my cheek becoming cold?
   More real a death is to part in tears
   From company you loved, not to return,
   And be forced to take leave
   From youthful jest and laughter, while
   The April landscape with tenderness is gilded.
   Oh for me it would not be bad, when
   My heart is entirely dead,
   To lose myself in this sweet lunar dawn
   As a wave breaks, in the calm.

To a Rose

Bent on the margin of your secret,
   O rose in your diaphanous robe, softness
   Of the naked body, unshakable temple
   Who hold me with the vigilance of love,
   I know not of what reliefs your beauty
   Is composed. And to the wave of perfumes
   Which you exhale with the rhythm of a breath
   I measure your pallor and my languor.
   Each of your petals tempts me, achieved
   In the turn of one sensitive line,
   Softly curved and full of shadow.

Madrigal

A pavilion of almond trees, in the blond
   Color of February is the countryside;
   And at the rapid thickening of buds
   Overflowing, or about to incarnate,
   Voluptuousness grasps me without arms.
   Her image frowns and laughs
   Under the swallows' play, my lips

Mobile di baleni accosto il labbro
E alla sua bocca, foglia di sibilla.
Ma insiste per i campi un assiuolo
L'armonia di velluto, e fa un profumo
Dal suo bruno languore misurato
La viola; io ripenso le sue dita
Rosse all'estremità, petali intinti
Di porpora, tracciare sulla sabbia
Dei millenni il mio nome all'infinito.

Approach her mobile flashing neck
And her mouth, a sibyl's leaf.
But an aziola through the fields
Its velvet harmony repeats, and the violet
Sends a perfume measured by its dark languor;
I keep thinking of her fingers
Red at the tips, petals dipped
In purple, tracing my name to the infinite
On the sand of the milleniums.

INDEX OF POETS

DATE DUE

GAYLORD			PRINTED IN U.S.A.